催眠療癒

無意識さん、催眠を教えて

啟動潛意識力量，
擺脫負面暗示，讓你夢想成真

大嶋信賴——著
簡毓棻、楊鈺儀——譯

前言

「接下來，你會覺得檸檬很甜。」

隨著催眠師對某位藝人下暗示指令，並說一聲「好」後，該藝人便咬著檸檬，大聲地說著：「好甜啊！」然後，參與錄影的觀眾們紛紛驚訝地「哇」出聲來。

應該有不少人在看著電視綜藝節目時，心裡會想著：「如果我也能學會催眠術就好了。」

事實上，我以前也是其中之一。當時，我已經在從事諮商工作，由於很想要學習「帥氣的催眠術」而決定跟隨我的「催眠導師（我稱呼我的催眠老師為「超讚老師」）」上課學習催眠。

然而，正式去上課時，情況卻完全出乎我意料之外。

催眠導師所教導的，不外乎是「留意個案的肩膀起伏，讓自己的呼吸與個案同調」，或是「在個案未能說出『好』之前，要反覆提問」等，完全沒有那種「等一下醒來你就會做OO了」的帥氣指令。

以前的我誤以為在催眠當下讓個案出現急遽的變化才叫做催眠，因此我曾經期待自己只要熟悉催眠術，就能操控個案，幫助他瞬間消去痛苦與煩惱。

與此相比，我的催眠導師所進行的催眠，總之就是很**樸素**。每次上課時，雖然我總是在心裡碎念著：「這跟我原本想要學的催眠根本不一樣。」卻仍舊依照導師指示繼續練習催眠。

當時，我每每都會在課後回程的電車中，試著把乘客當成個案，練習「配合呼吸」。當我這麼做，大多數對象乘客都會舒服地睡著，但我又會在內心質疑著：「不過就只是睡著了又如何？」那時的我，尚無法認同催眠療法的威力。

直到某日，當我在為個案進行諮商，面對懷抱著「家庭不和，工作也不順心，搞得晚上睡不著」的中年男性上班族，我試著與他「同步呼吸」。

沒多久，個案居然跟那些我試過的電車裡乘客一樣，陷入了睡眠狀態。即使如此，對於催眠所能達到的效果，我仍舊沒有信心。

隔週，這名男性個案又來到諮商室。不同的是，他臉上的表情有了大轉變，整個人看起來開朗又明亮。

一進到諮商室，他突然就抓住我的手說：「老師！真是謝謝你。」

自從我擔任諮商師以來，從未遇過個案激動地抓著我的手感謝我，這讓我困惑極了。

男性個案接著開心地說道：「我想起學生時代自己的夢想就是成為一名諮商師。所以我已經辭去工作，打算要認真準備諮商師的考試。」

諮商當天，我明明只不過是使用了「同步呼吸」的催眠技巧，讓個案睡了一覺而已。至於他的內心究竟發生了什麼變化，完全不得而知。

詳細細節，我會在本文中說明，但是我認為，讓這名中年男性個案開始改變、擔任引導的，是「潛意識」。

人進入如同睡眠般的催眠狀態時，抱持煩惱男性的潛意識就著手為自己整理了記憶資料庫，於是他想起了自己「曾經想要成為一名諮商師」這個人生希望。

我的催眠導師的催眠手法並不是以暗示來控制或是誘導個案。簡單來說是幫助個案自由使用自己潛意識的力量。

潛意識的力量不會蔑視你。因為意識有極限，潛意識卻毫無極限。

只要使用我的催眠導師的催眠療法，接受催眠的個案就會在無意間，自由使用無限的潛意識力量，也就是人會變得「無敵」。

一旦運用催眠而啟動了自由使用潛意識的力量，自己從未想過的奇妙生活將會在現實中一一開展實現，諸如：「無論跟誰說話，都將不再緊張」「從此能夠輕易與人建立信賴關係」「能發揮領導力」「無止盡浮現出創意」等等。而這些變化絕不會是**「樸素」**的。

本書所要介紹的催眠療法技巧，每一種都非常簡單，機制單純地會讓人覺得像是在開玩笑。

這麼說來，我想起第一次閱讀催眠導師的書時，書上寫了「請不要惡用這本書中的催眠技巧」這段話，但是當時，我心中還不屑地想著：「這麼簡單、誰都能學會的催眠是要如何惡用呢？」

然而現在的我已經能深切理解到：「說來雖然簡單，但正是因為這麼厲害，所以才需要那樣一段警語呀！」

我認為，你手上正拿著的這本書，也需要那樣一句警語。

雖然這是任何人都學得會的催眠療法，但是請絕對不要拿來惡用。

大嶋信賴

目錄

第 2 章

催眠的主角是潛意識

1 天才．艾瑞克森博士的催眠

2 潛意識是沒有極限的

第 3 章

用催眠引發突破性進展

4 用「催眠腳本」，將潛意識的力量變無限大

5 做催眠時的注意要點

第4章 超簡單催眠「同步呼吸」的技巧

6 利用催眠擺脫「孤獨地獄」

第 1 章

擺脫負面暗示吧！

1 任何人都能簡單學會催眠

遇見催眠

我在學生時代並不擅長讀書考試，總是煩惱著想要讓自己「更專注、有更好的記憶力」。

於是，我為了找出提升專注力與記憶力的方法，不但買了各種讀書法的書籍，甚至還曾在購物中心裡購買有點奇怪的「提升記憶力的香草植物」。

某一天，我無意間在書店看到一套《用催眠術提升專注力》（催眠術ご集中力が上がる）的卡帶有聲書，立刻毫不遲疑地就買了下來。

當我把卡帶放入錄音機，按下播放鍵後，一個低沉的男聲緩緩流洩出來：「你現在正從鋪著紅色地毯的階梯上緩步走下來……接著，你將漸漸感覺到進入深沉睡眠的狀態……」

我不自覺閉上了眼，進入了睡眠狀態。

於是，我就這樣每天開始聽一點這套有聲書。雖然我並沒有特別感受到讀書時專注力有提升，但每次聆聽卡帶時，都能放鬆心情地入睡，因而我轉而產生了一個念頭：**「催眠這個東西，或許很有意思。」**

以上就是我與催眠的初相識。

若說到真正想學習催眠的契機，是直到我開始諮商師工作那時。

稍後我會再詳述這段經驗，簡單地說就是，有一天我想要把催眠運用在諮商工作上，**並下定決心「要學習催眠療法」，於是我就去參加了「催眠大師」的研討會。**

然而我卻發現，那個研討會所教導的，與我所期待的「從鋪著紅色地毯的階梯上緩步走下來……」那樣的催眠術全然是兩回事。

有點奇怪的催眠體驗

我與幾位女性同事一起去拉麵店用餐時發生了以下的事件。

其中一位女同事不知道從誰那裡聽到我在學習催眠，便問我：「聽說你最近在學催眠？」

我心裡升起一股討厭的預感：「啊！這正是對方要開口說：『請幫我催眠！』的慣用句型。」然後真的被我猜中了。

「拜託啦！你在這裡幫我催眠！」就在拉麵店裡的餐桌旁，她這樣拜託我。

大概一般的催眠都會須要「在安靜且微暗的處所進行」，然而我所學習的催眠有些不同，在任何場所環境都可以進行。

當時我才剛開始學習，完全沒有實際與個案互動的經驗，雖然沒什麼自信，但基於想要獲得「會催眠好厲害」崇拜聲簇擁的邪惡動機下，我不自覺就答應了。

催眠老師所教導的催眠大致是這樣進行的。

我首先問對方：「你居住的公寓房間門是什麼顏色的？」

對方回答：「灰色。」

我接著再問：「門打開後，有沒有鞋子放在地上，還是鞋子都收納在鞋櫃裡？」

對方鉅細靡遺地告訴我：「門口有個白色鞋櫃，鞋櫃裡雖然有鞋子，但鞋櫃門是關著的，所以看不見裡面的鞋子。不過，有兩雙鞋就擺在玄關的水泥地上。分別是咖啡與白色的，一雙是運動鞋……」

她繼續說著：「進入玄關後，是寬約一到一點五公尺的深褐色木地板走廊，再往前走有一扇鑲嵌了玻璃的門，打開後就能進入屋內，地板上舖有地毯，地毯上擺著一個直徑一公尺的木製矮圓桌……」

其他圍著我們的女同事們紛紛露出極度好奇的眼神盯著我們看，心裡彷彿想著：「接下來會發生什麼事呢？」

就這樣，當那位女同事具體說出她的房子隔間與擺設，我在腦袋中重新整理那些意象後，腦海中自然浮現出了某個故事。

然後，我用母親向年幼孩子輕柔訴說床邊故事的口吻，緩緩向對方訴說。

那是一個關於某隻動物尋找飼主的故事。在找到自己真正的飼主前，牠歷經並跨越了種種的困難。

在拉麵湯將要變冷前，我說完了那個故事。

而那位女同事突然流下了淚水。

「啊，糟糕，你讓她哭了。」同行的女同事們開始七嘴八舌起來。

就這樣，我的催眠療法完成了。

變身為強大的女人

在那之後不久，當天因為催眠而哭泣的女同事告訴我說：「多虧了你，我終於能順利分手了。」

「咦，怎麼回事？」我試著回問她，然後她告訴我以下的故事。

當時她正與一位男性同居中，而對方完全沒有工作，只靠她的薪水過日子。簡單來說就是，對方是個小白臉。

當初我幫她做催眠時，我對此完全不知情。那時，她的朋友們數次苦勸她說：

「還是跟那個男的分手比較好喔！」但是她無論如何都離不開他。

事實上，我聽她描述家裡的隔間與房間內的狀態時，隱約感覺那個房間裡有位男性的影子。

而她光只是聽到我所說的「尋找真正主人的動物故事」後，突然就下定決心要離開那個家，放下那個男人開始一個人過日子。

「現在我已經不再想男人的事。這是以前的我想都不敢想的！而我居然做到了，催眠真的是很厲害！」

在催眠之前，我沒有詢問那位女性她的煩惱，當然也不可能會知道她與男性同居的事。

然而，只要使用潛意識讀取對方的煩惱，自然就能說出「解決煩惱的故事」，達到實際上解決問題的結果。

而且，場所還是在午餐時的拉麵店餐桌上。

在那樣吵雜不休的環境中，讓對方進入催眠狀態，把原本以她之力解決不了的異性問題，就在一碗拉麵湯還沒冷掉前的短暫時間內，雲淡風輕地解決了。

在那次之後，任何人都能一眼就看出她整個人身上所起的變化。以往的她是個凡事都要依賴同事的撒嬌女，在接受催眠之後，她變得越來越能擔起責任來，工作時也變成比以前更能獨當一面的「強大女性」。

用潛意識的療癒力改變自己、改變世界

在那次的拉麵店催眠初體驗之前，我認為自己是「絕不可能像老師那樣能講出催眠的故事來」，但經歷過後，我同時也跨過了一個坎。

「原來催眠真的是人人都能學會的簡單工具！」我的催眠老師告訴我們說，催眠並不是某些特定人才學得會，而是任何人都能輕易使用的工具。

我現在所使用的催眠雖然與當初老師所教導的有些許不同，但那是因為我希望自己能讓每個人都輕鬆地使用催眠療法的療癒之力，而不斷下了功夫學習來的。

要知道，催眠的潛意識力量就隱藏在「試著想要使用催眠療法」的人們心中。而透過使用潛意識的療癒之力，就能達到改變自己周遭世界與自身的結果。

2 借助潛意識的力量來成為真正的自己

「你是一隻雞」算是催眠嗎？

在我開始學習催眠之前，我對於催眠的想像是，催眠者用暗示「來控制人，讓人聽話」。

那時的我認為催眠是，讓催眠對象進入類似睡眠狀態中，然後用暗示的語言來控制對方。

舉例來說，在電視節目中，我們會看到催眠師對被催眠者暗示說：「你是一隻雞。」然後被催眠者就將兩手夾在兩肋旁，嘴裡發出「咕咕咕」地來回踱步。或是，當催眠師對著被催眠者說：「你不再討厭青椒，你好愛吃它。」然後被催眠者就手拿整顆青椒，大口大口津津有味地啃咬起來。

看著這個畫面，我默默地從腦海裡浮現出一個念頭：「我也想試試催眠。」」。然而沒多久後，我遇到的催眠老師使用了令我大感意外的催眠手法。因為那跟我在電視上所看到的催眠手法全然不同，讓我愕然不已。

除了讓對方進入「宛如睡眠的催眠狀態」的步驟相同，之後並不會對被催眠者下可以解決他煩惱的暗示。

如果對方是「無法與男性開口說話」的女性，一般催眠只要對她下個暗示，如「妳再也不會恐懼男性」「妳能夠輕鬆與男性對話」即可。然而我的催眠老師的催眠手法卻不是如此。

潛意識會幫助我們

我的催眠老師所主張的催眠基本概念是：「潛意識會幫助我們。」」光是這樣說或許有點不知所云，接下來，我將跟各位介紹自己實際經驗的例子。

有個女性個案的困擾是：「我想跟某位男士有更進一步的關係，但是只要出現在他面前，馬上就會手足無措。」

此時，潛意識會如何在這件事上幫忙呢？「她雖然在意識層面想要與這位男士靠近，然而**由於潛意識試圖想要幫忙（讓她遠離男性），因此使她顯得緊張**」。

當我聽催眠老師如此說明，內心出現非常不得體的想法：「那還不是因為你早就知道她的狀況，才能幫她實現『想要與某男士靠近』的心願嗎？說什麼潛意識讓人顯得緊張，根本就是藉口！」

然而，據說這位女士在接受催眠療法後才發覺：「之所以會緊張，是因為他是會帶來危險的人。」**「緊張」是針對有危險的男士靠近的剎車，一切都是為了保護她**。

由於這次的催眠體驗，這位女士後來變得在任何人面前都顯得較以往更為放鬆，也能享受與人對話的過程，甚至連表情都自然而開朗。

像這樣，催眠能夠讓潛意識覺醒，好好地協助自己。如果能夠覺察到「潛意識的協助」，就能回復到原本的自己，人生就能越來越輕鬆、越來越順暢。

在親眼看見老師的催眠過程後，對於以前把催眠視為魔術，以為只要以暗示的語言操控對方，就能得到女性們尊敬的眼光，因而對催眠懷抱興趣的我感到可恥。

會發生超乎想像的事！

即使我已經開始跟老師學習催眠，仍然時不時會認為「還是像電視上那樣的催眠秀比較好」。

但是，擁有煩惱的人可以藉由潛意識之力的協助，重新找回自己原本的樣貌，那樣的美妙讓我沉迷，以至於錯失了學習其他種催眠方法的時機。

老師的催眠法並不是由施術者對個案施以催眠，並加以控制。不是「施術者在上，個案在下」的上對下關係的催眠，而是**導引出個案原本就擁有的潛意識之力，讓「潛意識」來帶領一切的謙虛式催眠**。

原本維持人類生命所不可欠缺的呼吸與心跳也是由自律神經所控制，而這一切都是在潛意識中進行。

我們呼吸時，潛意識會自動調節呼吸的次數與氧氣的供給量。心臟的跳動也一直都是在潛意識下活動著。

也就是說，潛意識會幫助我們維持生命。

另外，老師的催眠療法還有一個特徵，就是不單只是個案會被催眠，甚至連催眠的施術者也會進入催眠狀態，也就是自己的潛意識之力會協助我們。

催眠中總是會發生自我意識所無法想像的事，所以就能實際體驗到潛意識的了不起之處。

而且也能見識到超出我們自我意識所無法想像的「美好結果」。

在這樣的催眠療法中只有一個問題，那就是雖然使用了催眠卻可能「沒有任何感覺」。

因為我明白，「一切都是『潛意識』所為，不是我」，所以無論個案如何感謝我，我仍然無法放開心去感受喜悅。

然而，這樣的催眠療法卻是越使用越讓人著迷於潛意識的作用，甚至會覺得「樸實卻厲害」。

3 每個人都被下了「負面的暗示」！

一句「你感冒了嗎」會導致你真的感冒

當我跟你說：「在不知不覺中，你被暗示了。」很多人一定丈二金剛摸不著頭緒，但試想，朋友或家人是否曾經對你說過：「咦，你的聲音聽起來怪怪的耶。感冒了嗎？」這就是暗示。

然後，原本根本就沒事的你，聽人這麼一提醒，不知為何，就會開始感覺身體沉重、微微發熱，於是懷疑著：「莫非我真的感冒了？」接著感冒症狀就真的出現了。出門去看醫師後，醫師下了診斷：「喉嚨發炎了喔，你感冒了。」接著，你的身體確實出現了感冒症狀，甚至開始發燒。像這樣，人會因為暗示而真的生病。

以前的我也會因為這樣而經常感冒生病，每年都須要服用感冒藥好幾次。然而，一旦那些會對我說：「你是不是感冒了？」的人們消失後，我發現自己竟然就不再感冒了，真神奇！

如果當別人問你：「你是不是感冒了？」只要能夠察覺到「這是暗示」，就會覺得：「啊！症狀竟然一下子消失無蹤！」身體也變得充滿活力。

也就是說，「因為感冒而身體不適」的時候，事實上有可能是暗示奏效了。

我曾經被下過這種讓一點也開心不起來的暗示，而那個人就是我在職場上經常碰到的年長女性。

「咦？你臉色看起來是不是有點差呀？」她一臉認真地顯露出擔心，然後，我一秒就被暗示了。

多虧了她，我不只感冒，還曾經嚴重到被救護車送去醫院過。

某次，我在接受某個訪問前，那位大姊特地來關心我說：「你通常遇到重要的事都會緊張，今天還好嗎？」結果，剛開始正式接受訪問時，我就腦袋一片空白，之後也沒能好好回答問題，真是丟臉到家。

當然，那個時候的我，全然沒想到自己是受到那位大姊的暗示了。

然而，我開始接受老師的催眠之後，才終於了解到：「以前那位大姊對待我的方式，全都是暗示。」

後來我還發現，自己之所以能輕易地被那位大姊暗示，是因為「或許我把對方當成了我的母親」。

人際關係不順利也是暗示惹的禍？

幼年時，我母親常對我說：「你馬上就要感冒了。」而那正是來自母親的負面暗示。因此，我經常感冒。

我從母親身上獲得的負面暗示非常多。

母親經常對我再三耳提面命地說些諸如「你就是不能專心讀書」「你就是三分鐘熱度，做什麼事都不持久」等話，後來我才發現那些全都是暗示。

即使在我長大成人出社會工作後，自己也深深相信：「我就是專注力不足，做事都不周全」「我一定會不小心就說錯話，跟誰都沒辦法好好相處」，於是我總是處在

「不論有多努力都無法改變」的狀態中，為此而煩惱不已。

而這一切都是因為來自過往母親的負面暗示「奏效」了。

然而，自從我理解這些之後，面對重要的工作時，我居然能專注到忘了時間，這一點連我自己都驚訝不已。

在人際關係上，我能覺察到：「要是以往的我，這時就會多嘴說出不該說的話。」讓原本要說的那句話不說出口。我因而有了會好好珍惜的良好人際關係，而我也因此知道了要懂得變通。

莫非，到目前為止的人生中，我整個人都陷入了滿是負面暗示的極糟糕催眠狀態中嗎？對此，我感到震驚。

這麼久以來，我居然完全沒有發現到這件事，而且我總是覺得是我自己應該要改變糟糕的個性與設法增強自己的能力。

要小心母親下的魔咒

下這樣的標題並不是存心要威脅各位，然而，我認為每個人都有同樣的處境。**各位無時無刻都在不知不覺中被某人下了暗示。只不過，我們都沒有察覺到那是所謂的暗示。**

「我一不小心就多吃了不該吃的東西」「我不擅長運動」「容易發怒」等，**這些我們一般當成是某人特質的部分，大多是因為暗示而成立的**。

我們會把這些當成自己的特質並深信無法改變，這正是因為「暗示」有效。

絕對不要小覷暗示的力量。

所以，如果要被低級的催眠手法催眠，還不如由總是時刻擔心著你、再三給建議與叮囑的母親來做會更有效。只不過，這時我們會把下咒般的暗示不小心銘記於心。

當然，母親並不是懷抱著要唱衰孩子的心情做這件事的。

「我希望孩子能長成一個好大人。」母親內心總是這樣想著而不斷給建議與叮囑，但殊不知，那些建議與叮囑最終都變成了負面暗示，讓孩子進入了催眠狀態，以至於讓孩子變得無法控制自己。

因此，即使是認為「暗示對我無效」的人，其實早在幼年時期就已經受到許多來自母親等大人的暗示影響，而因著那些暗示，就會在不知不覺中變得難以在現今社會上生存。

你，只是沒有察覺而已。

4 解除暗示，讓自己更自由吧！

為何看到主管就緊張？

現在，我正在電腦螢幕前打著這些文字，然而，我並不是邊想著要打哪個字邊看著鍵盤的。

跟各位一樣，其實，我的手指已經很清楚鍵盤上按鍵的位置，因此能無意識地一一輸入腦海中浮現的文句。

譬如，想著「要用右手小指打括弧喔」時，只須要耗費一點時間思考，就能打出相應的符號，或是不小心輸入錯誤。

這個時候，越是糾結於該用「右手食指」還是「左手食指」，反而容易出差錯。

像這樣，在無意識間敲打鍵盤，就能自由地輸入許多文字，但是一旦意識介入，

感覺上就不會那麼順暢，這樣的狀況也是一種暗示。

所謂的暗示，是讓人意識到無意識中自己正在做的事。

「我肯定沒有接收那樣的暗示。」或許有人會信誓旦旦地這麼說。然而，想要逃離暗示的影響可沒那麼輕易。

比方說，相信每個人都會有以下類似的經驗：有人會因為緊張而無法在主管或重要人物面前自在說話，或是胡亂說話而懊惱不已。

像這樣，越是在意對方越無法如常說話，這一切都是因為你受到暗示了。

「我一遇到重要的人就會緊張」，這樣的暗示宛如常識般存在於內心，所以，一遇到重要人物，人們大多無法隨心所欲地與之對話。

說到底，我認為「一旦緊張就無法自在說話」這件事本身就是個暗示。至於究竟為何「一緊張」就「無法好好說話」呢？我認為，這也是假託常識而來的暗示，也因此讓我們反而無法正常表現。

說到這裡，我想大家已經知道，讓人回到本來自由樣貌的正是催眠。

而人在解開緊張的暗示時才是本來的自己，也是潛意識的狀態。

解除暗示，拿回主導權

解除暗示的方法有許多種，比如在「一遇到重要的人就會緊張」的情況下，首先得先創造出一個容易讓人受到暗示的狀態，然後再對個案下一個「眼前的人是你的母親」的暗示。如此一來，**即使個案的眼前站著一位重要人物，他也會認為是「跟家人在一起的狀態」，自然就能解除「緊張的暗示」**。

或許有些讀者會認為：「只要用『在重要人物面前，你不會感到緊張』這種消除前一個暗示的方法不就好了嗎？」

然而如此一來，如果某人不擅長用小指在電腦鍵盤上打字，我們卻用了「你能輕易用小指在鍵盤上打字」的暗示，反而會讓個案更意識到重要人物而感到緊張。

像這樣，人只要一旦「意識」到了某事，就會自動啟動暗示，所以必須在「意識沒有發動」的狀態下進行。

對個案下達「讓你感到緊張的人是你的母親」的暗示後，意識就會感到疑惑，在那一瞬間，之前的暗示就會煙消雲散，潛意識又能重見光明。

接受了暗示的個案聽到催眠師說：「讓你感到緊張的重要人物是你的母親」時，偶爾會突然回問道：「為何？」如果有人反問說：「在母親面前根本就不須要緊張呀」「明明讓自己緊張的重要人物跟母親根本就不一樣呀」也是理所當然的。

然而，當我們這樣做，意識就不會專注在「遇到重要的人會緊張」。人自然會呈現出潛意識的狀態，因此能自然而然地覺得：「啊！即便重要的人物出現，我依然能很自在。」

當我對某個個案下了「我沒辦法斷捨離」的暗示，然後再下「我能斷捨離」這樣的暗示，這種做法是沒有意義的。同樣的，「我在重要人物面前不會緊張」的暗示也是，因為這個階段並不是潛意識出來運作。

接著，讓我來試著對個案下個「丟掉一切」的暗示，個案一定會滿頭問號：「萬一我不小心把重要東西丟掉該怎麼辦」「如果之後我又需要那樣東西，可是我已經丟掉了該怎麼辦」而這才是給了滿滿訊息的暗示。

因為這樣一來，意識會顯得混亂，瞬間完全無法作用。一旦意識無法作用，潛意識就會自動接手，個案就會發現：「咦，原來我想都不用想，就能好好留下需要的東西，丟掉不必要的東西。」

我的催眠並不是幫忙個案用新的暗示來解除某人曾經下的暗示，而是用暗示來造成意識的混亂，使潛意識發揮作用，讓個案回到原本自己的樣貌。

沒有受到意識影響的潛意識才是最美的。

5 催眠狀態中的自己才是真正的自己

不善言詞的人身上所被施加的暗示

騎乘自行車時要靠潛意識的作用，才讓我們得以操縱纖細的輪胎馳騁，還能不須要特別意識到就保持平衡。如果特別意識到要保持左右平衡，反而會讓騎乘自行車更顯困難。

配合著車速，潛意識會自動調整自行車龍頭的平衡，甚至接手讓我們身體的重心保持於中央，以至於當我們騎乘於狹窄的街道上，也能輕鬆保持筆直地持續前進。意識著要騎得筆直時，反而無法像平常一樣騎車，導致龍頭開始搖擺。

放鬆自己交給潛意識來騎乘自行車時，就可以騎得很筆直順暢，但一旦刻意時，反而騎得不好，我覺得這是非常有意思的現象。

一旦有所意識，「你無法騎一直線」的暗示就會產生作用，造成原本你在潛意識中能做到的事就又做不好了。

要了解潛意識的作用，從人與人的對話就可以理解得更清楚。

與人們愉快對話時，正是腦中完全沒有意識到「我一定要跟對方有個愉快對話」的時刻。全程任由潛意識主動反應對方的談話內容，如此談話往來間就能自然地與對方對話。

然而，如果改用意識來試圖構築與對方愉快的談話時光，特意選用話題，在原本對話中突然間插入這個話題，不但會讓原本的氣氛變得尷尬，也會讓人感到挫折，錯以為「自己真是不會與人談話」。

原因就出在，用意識與人對話時，會出現「我不擅長與人對話，總是當句點王」的暗示。

我自己以前就是被「我不擅長與人對話，總是當句點王」的暗示強烈影響，導致總是為無法順利與人對話而感到苦惱。

雖然當時的我會在與人對話前，事先在腦海中模擬好對話的大致狀況，然而一旦與對方正式見面，就總是處於結巴的慘況中。

但是，當我開始使用催眠技巧，多虧了潛意識的幫忙，即使我沉默不語，對方也會主動地接上話，讓對話順利進行。

再加上潛意識會自己一直對話下去，不須要動腦筋思考，就能輕鬆與人交談。

各位可能會懷疑：「不用意識來控制對話內容，全都交給潛意識難道沒問題嗎？」一最一開始，我也懷抱著同樣的想法，但後來發現到反而是交由潛意識來與人交談才是最輕鬆的。

相反地，如果用意識來與人對話，回家後，我就會陷入無限自我檢討的迴圈，甚至無法安眠。但是，一旦交由潛意識來主導，就不會發生上述的情況，能安穩地睡上一覺。

潛意識所做的每件事都非常美麗！

記得我小時候經常被父母責備「很會依賴別人」。也因為這樣的暗示，導致長大成人後，我也認定自己是「既沒有判斷力，也沒有實行力，負不起責任的人」。

即使如此，當我試著想要自己做出判斷，又會被「像我這麼糟糕的人怎麼可能會成功，一定會搞砸」的標籤暗示，以至於我的人生從未有過任何一次美好的嘗試機會。

但是，只有一項是我引以為傲的，就是「我會為失敗負責」。由於平時總是失敗，理所當然地，我已經習慣於「擔起失敗的責任」。

對於這樣的我來說，非常抗拒「在催眠狀態中，把一切都交給潛意識，不自己思考」這樣的狀況。原本的我，深深地相信，人應該要以自己的意識來思考、執行，再對之後的結果負起責任。

另外，我是在信奉基督教的嚴格家庭裡成長的，所以我認為「絕對不能使用催眠技巧來操控別人的心」。

然而實際上，當我能在催眠狀態中將自己全然交給潛意識後**才發現，「原來事事順利的人都處於催眠狀態」**。

無論是成功的人，或是人緣極好的人，大家都是超脫意識的暗示狀態，轉而善用自由的催眠狀態，也因此才能邁向充滿魅力的人生路。

發現這個狀況時，我想：「如果不用催眠，那豈不是損失大了嗎！」於是，即使我一向很排斥依賴、拜託他人，卻一下子就爽快放掉自己的意識，把自己交給潛意識來生活。

然後我發現，當我開始使用催眠，把自己交給潛意識後，原本只局限於意識世界的生活突然間有了不可思議的開展，而且是一個接著一個，讓我不禁感動於「潛意識真美」。

沒錯！潛意識主導的世界完全符合邏輯，真的很美！

6 與催眠老師的相遇

想讓受苦的人活得更輕鬆

本章來到了最後，我想跟各位稍微詳細地介紹我如何遇上我的催眠老師。

我在美國學習心理學專業結束後，就回到日本做心理諮商的工作，那時候的我堅信：「只要聽人說話，就能解決他的困惑。」我在學校扎實地學習過諮商方法，所以只要專注聽個案說話，就能想出一套「讓對方變得輕鬆跟自由」的可行應對方法。

確實，我在學校的實習中，擔任個案的其他同學們給我的回饋總是：「光是聽你說話就感到輕鬆。」而我也深深認為自己有這個本領。然而，一旦真的成為諮商心理師，在諮商現場時總是會出現跟我在實習時全然不同的狀況。

我拚盡全力聆聽個案說話，卻感受不到個案願意敞開他的心，想當然爾，個案的症狀一點也沒有改變，當然也沒有感到心情舒爽。

無論我怎麼想要把在學校學習到的知識全數實踐，實際上也只感覺到「諮商現場的嚴峻」。

當我向指導教授詢問：「到底該怎麼做，才能讓苦惱的個案感到輕鬆呢？」他也只笑笑地回問我：「莫非你想要得到個案的感謝嗎？」

才不是。我沒有想要個案感謝我，我只是想要設法讓處於苦惱中的人，心情能變得輕鬆，我只是想要找到方法，就只是如此而已。然而，無論我如何尋找，始終沒有找到答案，為此我感到心情鬱悶。

沒錯。那時的我陷入一種狀況，跟學生時代有一門學科怎麼也學不會，為了找出原因而不斷試誤學習的狀態一樣。

在催眠老師的課堂中，我驚訝不已

因此，我又再度動了想要學習催眠的念頭，於是我拋下自尊與羞恥感，前往書店的心理學相關領域尋找跟催眠相關的書籍。

在那裡，我買了一本《現代催眠入門》的書來閱讀。書裡面夾著一張「現代催眠療法講座」的介紹傳單。當時的我不擅長「居於人群中」，所以如果要需要跟很多人一起學習一門學問，我就不會報名。因此，就算我對某個講座再有興趣，也從未報名參加過的講座不計其數。沒辦法，在人群中我就是會感到煩躁而痛苦。

然而奇妙的是，我居然毫不猶豫地就打電話報名了這次的催眠療法講座。連我自己都感到驚訝，我甚至想：「該不會那本書也給我下了催眠吧？」

原本我心想：「參加講座的人應該都是心理療法的厲害專家們，應該能跟大家一起切磋學習催眠療法吧。」但結果並非如此。在場的參加者們全都是門外漢。甚至連上課講師的相貌也看起來像是個上班族歐吉桑。那天就是我跟催眠老師的第一次見面。這樣講真是不好意思，但當時的我一看到參加的學員們跟老師，馬上就覺得自已又失敗了。

由於去講座之前，內心過於期待高，導致失望感很高。當我的期待過高，就注定了我會失敗。

後來在講座中，聽學員們自我介紹，我才又再次確認了：「啊，真的連一位專家也沒有啊。」為此而感到眼前一片黑。但是，我臉上一直保持著職業笑容。

當輪到我自我介紹，老師突然說：「大嶋先生雖然看起來年輕，但是個有五個孩子的爸爸，頗辛苦呢。」

一下子，我腦袋冒出問號，但不知為何卻配合著老師，嘴裡說著：「是啊，尤其經濟上負擔很大，所以才想說一定要來參加催眠講座，學習催眠療法，這樣我好把催眠運用到我的諮商專業上。」就這麼自顧自地介紹起自己。

打破「灰色的意識牆壁」

我當然不是「為了養五個孩子而辛苦工作的爸爸」。但是，為什麼當時我會配合著說出「虛假的自我介紹」呢？

這件事，我之後才了解，原來是催眠老師趁我不注意時對我說了一句話，我的意

識判斷就是在那時被打破，在瞬間進入潛意識的催眠狀態中，因而照著老師的劇本做了虛假的自我介紹。

然而，那個時候的我完全無法想像潛意識的威力。

我記得，那個催眠講座一共進行了十二次以上，過程中我曾經跟老師提出「這個講座不適合我，我想要退出課程」的要求。我發現，自己的意識性暗示非常強大。

在我眼前矗立的正是名為**「灰色的意識牆壁」**的障礙，因為我深信：「這個講座裡沒有心理諮商專業人士，對我沒有任何幫助」「學這些完全毫無科學根據的東西，一點用也沒有」等這些「灰色的意識牆壁」。

忘了是第幾次的講座，老師對我做了催眠。

我聽見老師的聲音，他說：「你看得到吧！你看，大嶋，你看得到吧！」。

「沒有，老師。我什麼也看不見。」我回答，然後老師輕聲地跟我說：「不，你其實看到了吧！」

但是，我不但沒看見，也沒聽見任何聲音。

那時的我深深相信，我既沒有用心看見東西的能力，也沒有能聽見心裡聲音的能力，而且毫不懷疑。

然而突然間，我看見眼前出現一束光芒。

是的，我只是不想要被催眠而堅持閉著眼睛而已。

「老師，我也可以看見。有好幾道光芒！」

就這樣，我一腳踏進了美妙的潛意識世界中。

第 2 章

催眠的主角是潛意識

1 天才・艾瑞克森博士的催眠

孩提時代的天才軼事

若說到催眠，大家絕對要認識一個人，那就是美國精神科醫師、心理學家米爾頓・艾瑞克森博士（Milton H. Erickson，一九〇一～一九八〇年）。

我自己也是深受其影響的人之一。我從學生時代就開始閱讀艾瑞克森博士的許多著作，因而對催眠深感興趣，覺得「催眠好厲害」，這段回憶至今仍難以忘懷。

說到艾瑞克森博士的天才故事，就得說說他幼年時期頗有趣的佚事。

某日，年少的艾瑞克森看見大人們正為了將牛隻引導至卡車的車廂裡，並為此陷入奮戰，怎料他竟然說出：「如果我來牽，一定三兩下就牽上去了。」

大人們嘲笑著說：「連我們這幾個身強力壯的大人努力半天都不得其門而入，這麼柔弱的你怎麼可能辦得到？」

然而，艾瑞克森就走到牛隻的背後，把尾巴往與卡車相反的方向拉扯。結果，牛隻因為「不想被往後拉」就開始往前走了起來。沒想到這時，艾瑞克森突然放開了牛尾巴，牛隻就這麼自己走上了卡車車廂理。

艾瑞克森對「不想往前走」而堅定不動的牛隻，給予相反方向的拉力，告訴牛隻說：「你給我往後退。」進而成功示範了讓牛隻前進的方法。

這就是我之後要介紹的一種名為**「逆說」的治療法**。沒想到，艾瑞克森博士小時候就懂得使用這個手法，真是令人驚訝。

比方說，艾瑞克森博士對因為恐慌症發作而害怕自己即將要倒下的人出聲應對說：「我們進餐館吃飯吧！」然後陪著他一起走向餐館。

途中，一旦對方表現出：「啊，我要發作了！」的昏倒狀，艾瑞克森博士就會指著一旁說：**「來，你可以倒在這裡喔！這裡長了草，有緩衝。」**

如此一來，原本就將要倒下的對方就會想：「咦，那我可不能倒下。」

因為「你可以倒在這裡」這句話，反而會對對方傳送出與他真實心意相反的訊息

「我可不能倒在這裡」。一旦讓對方出現這樣的反應，對方內在的潛意識就會啟動，進而湧出「不能倒下的力量」，結果還真的「不會倒下」。

充滿了「允許」與「溫柔」的療法

有涉獵過心理學的人或許會想：「這個方法不就是父母最常對孩子使用的**『反向心理學（reverse psychology）』**嗎？」

比方說，父母無論怎麼催促孩子快去讀書，孩子總是充耳不聞，對於這樣的孩子應該要說出相反的訊息：「從現在起不用讀書了。快丟掉課本。」

如此一來，孩子就會上緊發條，迅速坐到書桌前去用功。

確實，艾瑞克森博士的**逆說治療法**與反向心理學這兩者，乍看之下非常類似，然而實際上卻有明顯的不同之處。

當父母說：「從現在起不用讀書了。」如果孩子當真不用功讀書，父母反而會翻臉地說：「你為什麼不去讀書呢！」反而會以「孩子本來就該用功讀書」為理由，更想控制孩子的行動。

實際上，「從現在起不用讀書了」這句話裡，含有「如果不讀書，可是會被社會孤立，會被我們做父母的遺棄！」的懲罰意味。

另一方面，艾瑞克森博士對恐慌症患者所說的「你可以安心倒在這裡喔」這句話背後，則是隱含著：「即使你倒下，我也會好好看顧你，絕不會丟下你不管的。」允許的意涵。

如果對對方說了「你可以安心倒在這裡喔」，在對方真的恐慌症發作時，艾瑞克森博士就會在一旁對他說：「你抬頭看看天空，就會看到夕陽西下的天空中最閃亮的一顆星喔。」

我反而不會在艾瑞克森博士的逆說療法中感覺到：「我都這麼努力治療你了，怎麼還給我倒下！」的責備，或是「如果你真的倒下，我可不會再繼續給你治療喔！」的懲罰。

艾瑞克森博士在使用逆說療法時，會事先預測對方可能會有的反應，然後在事後檢核效果。而且無論對方的反應如何獨特，艾瑞克森博士就是有辦法接招，並把那獨特的反應視為是潛意識的力量，且拿來使用。

無論個案有任何反應，艾瑞克森博士都能允許它出現，並加以檢核效果，再利用在個案身上。藉由這樣的做法，就能讓個案進入催眠狀態之中。

比方說，如果有位精神科的患者堅稱自己是「耶穌基督」，艾瑞克森博士就會接納他的說法，而不會與對方爭辯說：「你這樣說，是不會有人相信你的。」

我猜想，艾瑞克森博士應該會接著與該名患者這樣對話：「耶穌可是誕生在木工之家，是木工的兒子。」進而讓患者對木工這個工作開始產生興趣。從這裡開始，就是試著與潛意識展開治療的一個小開端。

在艾瑞克森博士的治療法中，他能接受個案的任何症狀，所以我認為，這個治療法的根本精神有著對個案的一種溫柔，那個溫柔是要確認個案確實具有正在運作的潛意識的力量。

潛意識會諒解並接受你

由於受到艾瑞克森博士催眠療法的衝擊，我打算要盡速把這個催眠療法放到我的諮商方法裡，然而，無論我怎麼努力都無法像艾瑞克森博士那樣，「無論個案有怎樣的症狀，我都能允許，都能拿來使用。」

我總是會先入為主地想著「這個症狀不對」，或是「個案的那個行為很怪異」，我發現在我之內在運作的不是「允許」，而是「仲裁」。所以我當時就想：「會不會我不適合艾瑞克森博士的催眠呢？」

然而在那之後，我有機會參與老師的講習會，當我實際體驗到「用催眠來與潛意識相遇」後，就發現自己對於艾瑞克森博士催眠療法的機制產生了濃厚的興趣。

如果用催眠讓人進入潛意識狀態，就不會出現評斷個案的情況。

無論個案是什麼樣的狀態，艾瑞克森博士都能用催眠誘導，讓人與潛意識相遇。這件事，我到這時才理解。

在那之前，我左思右想地拚了命想要模仿艾瑞克森博士，但那充其量不過是我的意識，而意識是有其侷限的。

要像艾瑞克森博士那樣，允許個案出現任何症狀，然後客觀地觀察對方，再對個案說說話，以檢視個案的反應，如此就能讓個案的潛意識自然運作起來。

自從我理解這個催眠機制，我更期待自己能嘗試艾瑞克森博士的催眠誘導。

意識有其侷限，但潛意識卻是無限。

而潛意識不單只是對個案，甚至是對我，無論是怎麼樣的我，潛意識都能允許我、接納我、幫助我。

我深信，艾瑞克森博士也使用了同樣的「潛意識的力量」。

2 潛意識是沒有極限的

何謂「開放式對話」

在芬蘭一間名為Keropud as Hospital的醫院中，會使用「開放式對話」的方法來治療統合失調症的患者。

方法說起來很簡單，就是治療小組每日造訪患者的家，並與患者對話而已。

這樣的治療手法與艾瑞克森博士的逆說療法有個共通點。

治療小組會用「為什麼這個孩子會出現這樣的症狀」為討論主題，讓患者本人與家人都加入聆聽。

等治療小組間對話一陣子後，患者本人可以提出反駁說……「不，我並不是因為那種原因而變成今天這樣的」。

聽完患者本人的說明後，治療小組成員們再針對「那麼，患者本人雖然這樣主張，但實際上又是如何呢」進行討論。

患者本人可以再針對討論內容提出反駁，接著再多說一點關於自己的事，把自己的內在狀況說得再清楚一些。

像這樣，一來一往之間，可以逐漸增加患者本人與治療小組成員們的互相理解，原本「誰都不能理解我」的孤獨感會消失，患者症狀也就能逐漸改善。

這個「開放式對話」與艾瑞克森博士的逆說療法很類似的部分是：「治療者可以任意地訴說關於自己（患者本人）的事」。

原本患者會認為「世上沒有人理解我的心情」而處於封閉狀態。此時卻出現了完全不理解我的夥伴，而且對方居然自顧自地說起我的事來。

這樣一來，原本只想著「我的事有甚麼好說的！」的封閉心態，到後來卻開始想著：「你們根本就不了解我！」而開始為自己辯駁起來。這就是逆說療法中所引導出的潛意識的力量。

藉由治療者自顧自地說話，並使用逆說療法引導出患者的潛意識力量，使患者擺脫症狀，變得自由。「開放式對話」讓人擺脫了孤獨感，使人內在的潛意識力量能被使用，讓人得以回復原本的樣貌。

「孤獨的發作」是煩惱的根源？

孩提時期的我，由於「沒有人了解我」的孤獨感在內在「發作」，因此讓自己陷入了「無法自我控制」的催眠狀態。那時的我，頭髮變得全白、無法順暢地說出心事，身體也變得僵硬而無法隨性活動。

而把我從孤獨感發作（通常大腦內僅有微弱的電流流動，卻在一瞬間衝出強烈電流的狀態）的催眠狀態中解放出來的，正是艾瑞克森的催眠療法（潛意識療法）。

雖然，意識有其侷限，但潛意識沒有。因此無論「我」是處於怎麼樣的狀態、無論「我」是怎麼樣的人，潛意識也絕不會評斷說：「你很糟糕」。潛意識會允許我，認可我。

藉由這樣的潛意識力量，當孤獨感不再發作，煩惱與其他症狀也都獲得改善，我

或是任何人就都能使用潛意識的力量。我發現到自己從各種束縛中獲得自由，進而理解到能做到以往從未設想過的每一件事。

然而，究竟為什麼意識有其侷限，潛意識卻無限呢？理由非常簡單。

在自己能意識到的範圍是有侷限的，對吧？其他部分就都屬於潛意識的部分，所以才說「潛意識是無限的」。

因此，如果在意識層面感到孤獨，在潛意識中，就會感覺到孤獨以外的其他部分，也因此，我們就能從孤獨感中解脫，從萎縮、絕望、破壞性衝動中解脫了。

在「開放式對話」中，包含有數位成員的治療小組，但艾瑞克森博士運用了潛意識，因此我認為那等同於使用了數千、數萬、甚至數億的治療小組成員。這些成員都會允許、認可我們，會為我們療癒「世界上沒有人理解我」的深沉孤獨感，並讓我們從中尋回自由。

3 「孤獨感的發作」會困惑你

電影《驚魂記》中的催眠場景

催眠老師為了讓學員們能輕易理解所謂的催眠狀態，會用知名導演亞佛烈德‧希區考克的《驚魂記》（*Psycho*）中某個名場景來做為媒介。

這個名場景從一男一女在旅館密會開始。

男性說著：「沒有錢，所以我不能跟妳結婚。」來試圖拒絕跟該名女性結婚。但是，女性反問男性說：「那麼，只要有錢就能跟我結婚嗎？」時，男性丟下一句：「就算有錢，我也不能跟妳結婚。」然後逕自走出房門去。

下一幕，女性回到工作場所，公司老闆拿著一只裝了巨額款項的皮箱給她，並囑咐她把這筆錢存入銀行的金庫中。然而女性卻企圖拿著該只皮箱開著車逃亡。途中，正當她把車停在路邊打算休息，卻被敲著車窗的交通警察給叫醒。

當我看見這樣的場景，心裡有些興奮地想著：「啊！這不就是催眠嗎。」

我認為，片中女性因為男性對結婚的回答而使得內心的孤獨感受到刺激發作，結果內在人格就轉變成了具有破壞性，因此試圖盜走公司老闆那只裝了鉅款的行李箱。

也就是說，此時的女性正處於一種催眠狀態。

我們所使用的催眠會一次一次地逐步消去人內在的孤獨感，最後大腦會變得平靜，潛意識的力量就能開始作用。

例如在電影《驚魂記》裡登場的主角們一樣，當女性受眼前心儀男性言行舉止的影響而進入催眠狀態，只要用潛意識的力量消除她內在正發作的孤獨感，她就會清醒地想：「我究竟是為什麼非得跟他結婚不可呢？」

當人因為孤獨感發作而陷入催眠狀態，只要解除「我非得嫁給他」的執念，人就會發現「我也有無限可能」「我有更好的選擇」，然後找回原本美好的自己。

所謂「不是原本自己」的狀態，是指因為孤獨感發作，人變得憤怒、憎恨、執著、疑惑，被不安感所籠罩而陷入身心都疲憊不堪的狀態。只要能解除孤獨感的發作，就能擺脫以上的負面狀態，也因此就能找回「原本美好的自己」。

潛意識的世界充滿了樂趣

跟某人吵架時，我們應該有過「無意間說出刺傷對方」話語的經驗。事實上，此時人並不是在潛意識狀態，而是因為孤獨感發作，陷入催眠狀態的時刻。

由於「對方都不能理解我」的孤獨感發作，使得人轉變為破壞性人格，因此才與對方發生爭吵。

同樣的，「我就是會在無意識間總是思考著上班時討厭的事」「回過神來才發現，自己大多在無意識間想著討厭的人」等這些時刻也與潛意識無關，而是人正處於孤獨感發作的狀態中。

在潛意識力量發揮作用的催眠狀態中，不但孤獨感不會發作，當然也不會把注意力放在「討厭的事」「厭惡的人」上。因此，反而總是能享受「令人愉快的事」「相處愉快的人」。

因為在潛意識的世界中總是充滿著無限的選項，人根本就不可能特地去選擇那些令人不愉快的人事。而把我帶入這種充滿無限可能性的廣闊潛意識世界的，正是我現在正在使用的現代催眠療法。

當各位看到我這樣寫，應該有人會認為使用潛意識力量的催眠「看起來也太難」「我根本學不來」。

事實上，這種「看起來也太難」「根本學不來」心態正是孤獨感發作所造成的。

我們的意識內部經常有潛意識在作用著，而且潛意識會幫助我們。所以這類擔心絕對是多餘的。只要想著「使用潛意識力量的催眠療法」，就能讓潛意識帶著你前往充滿無限可能的世界。

4 奇妙的鏡像神經元

模仿對方大腦的鏡像神經元

任何人都能輕易使用將潛意識當作工具的催眠療法，原因在於，大腦中有個名為「鏡像神經元」的神經細胞。

鏡像神經元一般稱作「共感腦」，也就是說，當身旁有一位正緊張焦慮的人，自己也會不由自主緊張起來，這正是鏡像神經元的作用。

鏡像神經元的特質是：「將注意力放在對方身上，自己的大腦就會自然模仿起對方的大腦狀態」。

接下來的說明或許有些瑣碎。

當某人透過鏡像神經元模仿起對方的大腦，對方大腦的鏡像神經元也會開始模擬起某人的大腦狀態。

在催眠療法中，名為「同步呼吸（tuning）」的手法正使用了鏡像神經元這個特性，我的老師所教導的是，只要透過模仿對方的呼吸頻率與狀態就能讓對方進入催眠狀態。

本書希望各位讀者能學會的這個同步呼吸法，原理與能消除噪音的「除噪（Noise canseling）系統」手法是類似的。

除噪系統是一種優良的技術，一般常見於高速公路等高噪音之處，為了防止噪音而藉由播音喇叭發出與汽車噪音逆向波形的聲音，以達到消除噪音的目的。

這項技術現在也會使用於耳機上，只要按下防噪按鈕，使用者就會完全聽不到外界雜音，甚至連人聲雜沓的街道、飛機機艙裡都能感到安靜無比。

而這正好與使用了同步呼吸的催眠是相同原理。

設想，如果把對方大腦中的緊張當作是大腦的噪音，藉由除噪就能消去噪音，那麼，只要催眠師模仿對方大腦的緊張，再請對方模仿催眠師的大腦狀態，就能消去對方大腦的緊張，進入潛意識狀態中「變得不緊張」的狀態。

我希望各位記得的是，「潛意識正是完全沒有『緊張與不安，甚至是憤怒』的無噪音狀態」。

用催眠解放對方的知識

我曾經在電車中，試著與前座的某位乘客同步呼吸，結果卻感到呼吸困難。但持續與對方同步呼吸後，在對方似乎進入熟睡狀態的瞬間，喉嚨的緊縮感就消失了，這一段過程讓我實際感受到：「對方的緊張感透過鏡像神經元傳遞給我，我的喉頭才感到緊縮。」

另外，有時候與他人同步呼吸時，我甚至可以感受到對方在上班時所經歷的各種令人惱火的情緒。

此時，只要對方進入睡眠，我就能立刻感受到：「哇，剛才的惱火感消失了！」因為經由鏡像神經元所傳遞而來的對方的怒氣消失了。

事實上，當人被困在憤怒、怨憎、恨意、緊張、不安等狀態時，正是大腦在發作中的狀態。

此時，只要用同步呼吸技巧，就能消去這些狀態，使人進入潛意識狀態，消除這些發作中的狀態，怒氣或憎恨當然也就消失了。

有一個更為有意思的現象，就是當我們使用同步呼吸，讓對方進入催眠狀態的瞬間，有時候能看見對方家裡的擺設與外在狀態。

等個案醒來後，再請對方拿出家中拍的照片來比對，就會驚訝於那個照片居然與自己在同步呼吸中所見到的模樣很類似。

因為這個經驗，我理解了原來鏡像神經元也能模擬出「對方的知識」。

藉由同步呼吸使得個案進入除噪狀態後，人就會進入那些除去了原本大腦內不安與怒氣等噪音的潛意識的催眠狀態，我們就能模擬對方大腦中的知識。

不單只是這樣，接受催眠的對方也會出現奇妙的狀態，比如說：**「可以看見原本看不見的東西，理解原本無法理解的事情。」**

我曾經遇過，個案從未學習過某個領域的知識，卻在潛意識狀態中說出了相關的知識。

網際網路與鏡像神經元

當鏡像神經元模擬個案的大腦，我們與個案的距離遠近不是問題。原因在於：「無論個案在哪裡，我們都能『模擬』對方的大腦，使用對方的知識與智慧」。

如果是以前，大家應該都會覺得：「你在胡說八道些什麼？」但現在只要想像一下網際網路，就能輕易理解這個狀態了。

雖然人與人之間並沒有電線或是電纜線直接連接，但現在全世界的電腦及智慧型手機可都是藉由網際網路相互連接在一起的。

即使我們在日本也能輕易在網路上搜尋到美國最尖端的心理學研究論文，並取得該門知識。現在正是這樣的時代。

鏡像神經元的作用，其實與網際網路的作用一樣。若使用催眠讓人大腦的「噪音」消失，進入潛意識狀態，鏡像神經元就能與巨大的大腦網絡相互連結，人就能得以使用「一切知識」，因而能活得更輕鬆、方便。

順帶一提，使用鏡像神經元來模擬對方（個案）大腦時的「速度」雖然還不明確，但目前有個說法是：「說不定比現代科學所找出的最快光速還要快。」

潛意識是超越了時間與空間的制約，一切都與人的大腦相連結，如果善用潛意識，我們就能使用對方的智慧與知識。

只要想到這兒，我就越來越期待使用催眠療法。

5

催眠的效果—1

你也可以成為只要發呆，不須用力思考的人

發呆的幸福

那麼，在本章的最後，我要從許多催眠帶來的好處中，挑選出幾個實例來介紹給各位。

至今，我曾經待過各式各樣的職場，與各界優秀的菁英一起工作過，但不論我跟誰在一起，都會有著一種「如果放鬆就會糟糕」的緊張感。

一旦稍微鬆一口氣，內在的緊張感就會提醒我：「對方一定會見縫插針地從我這裡取得好處，然後我就輸了。」所以，我的內在總是有另一個自己時刻在與對方戰鬥著。

因此，我總是不信任對方，經常在對方面前用演技掩飾自己，從來無法感受到安心放鬆感。

我一向都覺得一切的不幸肯定會出現，並為此緊張、準備著應對後果。

在工作場所中，當然沒有人願意靠近這樣的我，我自己也能坦然接納這樣的自己。就是覺得，這樣的我被討厭是應當的。

然而，當我遇到催眠老師，對他卻完全沒有這樣的防衛。第一次見面時，只感覺到一種未曾體驗過的奇妙感：「咦，我居然完全不想與這個人『對抗』。」

當我遇到一個非常優秀的對象，內心就會燃起鬥志，想要「快點從這個人身上學東西，以早一點超越他」，但遇到催眠老師時，我一丁點也沒有這樣的反應，甚至還出現了從未有過的「跟他在一起很輕鬆」的感覺。

我每天在通勤電車中反覆練習老師所教導的「同步呼吸法」時，**終於理解到，「之前我內在所感覺到的緊張感或不舒服的感覺，都是對方大腦發作的，而不是從我內在出現的東西」。**

就在那時，剛好老師邀請我跟他一起去旅行，於是我們兩人就來了一趟夏季奈良、京都之旅。

抵達奈良的某間寺廟時，熱壞了的我們坐在寺廟本堂外圍納涼時，我驚訝地發現：「自己居然不怎麼思考了。」

如果在平常，我會一直不斷關照身邊的人、把注意力放在他們身上，很容易就感到不安、憤怒與焦慮，總是惶惶不安。但那時候，我居然一點也沒有變成那樣。

我跟老師在一起的兩個小時內，什麼話也沒有說，就只是什麼也不思考地呆坐著。然而，當老師發現這樣的我，然後跟我說：**「沒想到大嶋也能光發著呆什麼也不做呢！」**時，我欣喜無比地幾乎要掉出眼淚。

殊不知，我在心裡對於老師有著無限的感激之情，因為「多虧了老師所教導的催眠療法，才讓我得以容許自己維持著發呆的狀態。」以前的我絕對不曾想過，有一天自己竟然可以不再總是顧慮著他人，而能享受什麼都不思考的發呆時間。

那些大腦中曾讓我們不斷憂慮未來、懊惱過去的念頭，得以因為催眠而進入潛意識狀態，終使那些念頭消失，讓我們內心能夠進入一種隨風飄盪的風箏狀態。

我深刻覺得「幸好我學了催眠」。

解救對方，也解救自己

當我們讓對方內在的情緒發作消失，連自己內在的情緒發作都會自動消失。一旦雙方的內在情緒發作消失，大腦就能安定地與潛意識相連結。

處於這個狀態時，就能使用位於潛意識中的無限知識，因而能不使用大腦思考事情。只要將一切交託給潛意識，就能輕鬆過日子。

「難道這就是催眠老師想要引領我們進入的世界嗎！」

我想著，自己即將要看見從未想像過的新世界一角。

然後我暗下決心，想要多使用催眠，以更解放自我。

沒多久，我與某位人士見面時，我也從他身上感受到跟催眠老師一樣的特質，那就是「他非常有魅力地自在過著生活」。

他伸出手要跟我握手時，我一點也感覺不到自己與他的區別，只感覺到奇妙的合一感。

「莫非他也在做潛意識的催眠？」我心裡出現了這樣的猜想，然後很快地，我就獲得確定。

就在他告訴我：「我們都因為過去的經歷而有過創傷，但**如果有更多人能運用潛意識的催眠，逐漸消去自己內心的創傷，就能與潛意識相連結。**」後，我就確定他也在做潛意識催眠。

這要是以前的我，肯定會抱持懷疑，但這次我卻能全盤接受他的說法，我也對他表示贊同，而且心情超乎平常地輕鬆。

如果把催眠運用在人身上，就能使他本人從內在心裡的創傷與痛苦中解放出來，逐漸得到自由。

6

催眠的效果—2

擁有輕鬆的人際關係

只用了三天就成為新入社員

在催眠老師的講習會中，第一次遇見老師時，我真的感覺到老師「只是位歐吉桑」。這一點我曾在多本著作中都這樣寫，而且這是實話。

當時，老師看起來就像一位平凡的上班族老頭，我甚至懷疑：「跟這個人學催眠真的沒問題嗎？」

但認識老師之後，我曾有無數次不斷認知到老師很厲害的時刻。

就算是現在，我還是會**覺得世界上應該有很多像他這樣厲害的老師**，而且我也曾當面這樣跟老師說，而老師只是輕描淡寫地笑著接受而已。

對我來說，印象最深刻的是在某間公司來拜託老師帶領新人研修時所發生的事。那天，上完課後，整個公司的人都在一瞬間成為了老師的粉絲，紛紛大讚：「老師太厲害了！」雖然整個研修課程只有三天，上課學員們的心卻都被老師用催眠給擄獲了。

更令人感到驚訝的是，十年後，當年那些上過催眠講習課程的人都成為該公司內部不可或缺的重要人物。

我的老師用了催眠療法引導出每個人的最大魅力，並將他們轉變為公司重要的人事資源。

看到這兒，或許各位會想：「一個催眠老師就能改變所有剛進公司的新人，這也未免太誇張了！」但是，因為我是親身見證他們在歷經催眠前與催眠後狀態的人，所以能誠心地說他們確實有所改變。

證據就在於，那些參與講習的人在公司的工作習慣一聽就知道散發著我的催眠老師的「催眠的味道」。

我的老師在短短三天內，就能使用催眠的力量來改變人與公司。

成為「原原本本的自己」「如常的自己」

以前的我有一些特質，諸如「做什麼都半吊子」「容易被排擠」「容易被質疑」「容易被反駁」。

我總是為了要取得他人的信賴而拚命努力，卻總是不得其門而入地被當成呆子，明明我那麼用心地想要大家喜歡我，卻總是招來嫌惡。

即使我努力思考出了提案計畫，無論那個計畫有多麼卓越，但是只要是由我提案，最後都會落得一文不值的下場。

「為什麼每次都是我？」這成了我長久以來的困擾。

然而，時間一久，我就習慣了，轉念想著「男人被討厭一下又有什麼關係」，但其實內心受了很大的傷。

過往的我就是這麼一個令人嫌惡的人，就連在得知老師的催眠課程時，也斷然拒絕地說：「我才不要使用老師的催眠呢！」

然而，**當我真的使用催眠老師的催眠手法，才發現那可以幫助我輕易地與人構築一段輕鬆的人際關係**。

之前辛苦經營的人際關係，並沒有因為使用催眠老師的催眠而有所改變，反而一切就像是白費工，於是我決定要使用以往自己的土方法繼續在人際關係中奮戰。

就在某一天，發生了一件讓我很想要打心底怒吼出：「我不想再管什麼爛人際關係了！」的事，因此，我終於下定決心要嘗試使用老師的催眠療法。

就這樣，當我用催眠進入潛意識狀態，突然間響起**「咦，我根本不用管什麼人際關係啊」**的聲音，嚇了我一大跳。

就這樣，我放下了「非得要改善人際關係」的執念。

當我這麼下定決心後，並不是變得「不尊重對方」，而是交由潛意識來做主，達成「以不同的做法來表達尊重」。

如果說，以往我用力在「認真」經營人際關係，那麼，以催眠進入潛意識狀態中的人際關係，就變得比較「不那麼在乎」，也就是有比較多信任關係在內。

我覺得，不論如何認真也無法贏得對方尊敬的信賴關係，換成在潛意識狀態中就能輕易獲得，而且能逐漸擴大彼此的信賴關係。我能像是在描繪夢想般，讓自己親眼看見那樣美好的景象。

用催眠來使用潛意識的力量，就能讓自己不須要靠努力也能交由潛意識來幫忙重整人際關係。交給潛意識就可以放心，真的只要放手，什麼都不用做就好，所以能待在一種純粹的狀態中。

後來我才發現，我的催眠老師之所以給人一種「只是一個平凡歐吉桑」的印象，就是因為這樣。

然後，曾幾何時，我再也離不開催眠了。

催眠的效果—3

7 「自我價值感」讓大家都開心

給總覺得自己很糟的人

無力感是「覺得自己什麼都做不好、無力做出改變」。而在光譜最極端的，則是「我任何事都做得到，也能做出改變」的萬能感。

我以前也覺得自己什麼都做不了，是個很有「無力感的人」，直到某個時刻，我突然發現事實並非如此。

因為我發現，隱藏在「什麼都做不到」這個無力感背後的，其實正是「我什麼都做得到」的萬能感。

人之所以會想著「我真是個糟糕的人」，首先是因為內心有個「理想中的自己」。正是因為無法成為那個理想中的自己，才會貼上一個「糟糕」的標籤。

因此，有人說自己很糟糕時，乍看之下似乎很謙遜，其實可以說他是個覺得「自己什麼都辦得到」的傲慢之人。

回到我之前說的，以覺得自己人際關係很差的困擾來說，背後也隱藏了「我想要控制眼前這個人」的傲慢。

無論如何想要扮演一個謙虛的人，背後都是抱著想要指著對方鼻子說：「我想要控制你。」的傲慢心態。所以當對方感到我無法信任而拒絕我，當然就不可能對我抱持好感。

當我認真煩惱著「人際關係很糟」，我的內在傲慢——為什麼事情沒辦法照我想的發展——就會不斷膨脹，這樣一來，身邊人對我的厭惡感就會更受到刺激而加大。

連身邊的人也會越來越幸福

老師所教導的催眠療法，是主張提升「潛意識就會統整好人際關係」的自我有能感，這跟無能感或是萬能感完全是不同境界。感覺是「潛意識能自然地將我及身邊的人都往幸福的方向引導」。

如果是萬能感，就會是「我要用催眠改變對方」，而自我有能感則是「希望我使用的催眠影響能擴展到對方」。

以前的我一直以為：「想要感受到自我有能感，就必須非常認真練習催眠與閱讀相關書籍」「如果不能成為像老師那樣的人，就做不到『啟動對方的潛意識，進一步導引對方往幸福走去』。」

然而，當我開始嘗試催眠後，才發現這個催眠療法無論何時何地都能簡單做到。

某天，我與初次見面的理容院店長在聊天時使用了同步呼吸的催眠技巧。

一旦進入催眠狀態，我就對店長感覺到自潛意識發出的「尊敬」，也能感覺到由對方發來的「尊敬」。

明明我們完全沒有談專業的話題，只是純聊天而已，卻能感覺到對彼此的「尊敬」，這就是催眠療法的潛意識狀態。

我每次去這家理容院都會覺得：「這家店就是因為有這麼棒的店長在才會這麼棒，應該要讓更多人知道它才對。」

當我這麼一想，有趣的是，這家店也就在我這樣的想法下，生意越來越好。我知道這是催眠的力量，所以非常開心。

而這就是「自我有能感」。

就是用自己的潛意識啟動對方的潛意識，如此一來，對方就會因為潛意識的力量而越來越幸福。

而我越是累積更多這樣的體驗，越是信任潛意識所帶來的信任感。漸漸地，我無論何時都能讓身邊的人啟動他們的潛意識了。

就這樣，身邊的人越來越幸福，我自己的自我有能感也就越來越高。

我現在寫的這些經驗，各位可能覺得我胡言亂語，但事實上，這個「啟動對方的潛意識，讓對方越來越幸福」的感覺，正是我與我的潛意識間唯一一個重要的「祕密」。不須要任何人能夠理解。

我只要看見身邊的人越來越幸福，我就會更尊敬我的潛意識並想著：「潛意識的力量真是厲害啊！」我認為，那就是增加自我有能感。

就連正在寫著這本書的時候也是。

我在催眠狀態中，藉著潛意識的力量寫作著，這將會連帶地啟動各位讀者的潛意識，而我也深深相信，「這會導引讀者前往幸福」。

如果實際上能親眼看見各位讀者們每一位都變得更幸福，我的自我有能感就會更加提升。

沒錯，潛意識原本就是很天真又正向的。

催眠的效果—4

8 消除討人厭的記憶

討人厭的記憶再也不令人感到不舒服

記得曾經有一次，我搭著電車，突然間回想起幼時曾被欺負過的經驗，那天，我的腦袋中滿是當時的悲慘與憎恨在不斷迴旋著。

這種事，就是算欺負人的人忘了，被欺負的人可是一直都會記得，而且隨時會想起。

此時，就像是從鍋裡拿粽子般，拿起一個就會拿起一串，人會一直想起「在職場上被後輩出言不遜的經驗」「被上司看不起的不愉快感」等等，漸漸地只要想到去上班心情就沉重到連胃都痛起來。

有時候，就連只是在開車，也會同樣想起小時候曾被父母憤怒地體罰的經驗，因而壞了開車出遊的興致。

即使與車內朋友談笑風生，腦中也會盤旋著不愉快的記憶而無法感受到快樂。

這樣的情況一直持續到我開始使用催眠後，有一天我發覺：**「曾幾何時，我不再想起那些令人不愉快的事，如果想起時也不會伴隨不舒服。」**現在的我不再接受「不愉快的記憶會伴隨一生」的說法，並且已經從中解脫，好好地面對過去的不愉快。

整理記憶的資料庫

我雖然對於「學會了催眠後，不愉快的記憶就會像風一般的消失掉」感到非常不可思議，卻也想起了在電車中，練習催眠療法的「同步呼吸」時所發生的事。

當我跟對方同步呼吸，會因鏡像神經元的作用活絡起來而開始模擬對方的大腦，接著就感受到對方喉嚨的難受感與腹部的疼痛感，對方的所有不舒服都直接傳到了我身上。

但在這時，我卻想起了以往被欺負的記憶。心想，難道對於過去的記憶整理得還不夠嗎？但我仍一邊思考著，一邊繼續與對方同步呼吸。

就在對方進入了催眠狀態而睡著的那一瞬間，我身體的不舒服以及難受的記憶就全都消失，一下子我原本緊繃的肩膀瞬間鬆了下來。

對方只是剛好坐在我對面椅子上的乘客，原本就是陌生人，我當然也不可能事先知道他所懷抱的痛苦。

然而，當我的大腦鏡像神經元開始模擬對方，就能感覺到對方的苦處。

那時，對方不舒服的記憶有如一個觸媒般，喚醒了我從未對外人訴說過，自己也從未整理過的不愉快記憶。

我自己的「不愉快記憶」與對方的「不愉快記憶」在潛意識中相遇了，因而產生了同情共感的感覺，然後那些不愉快記憶就這樣自然地消失了。

由於對方大腦中的不愉快記憶，讓我有種被理解的感覺而獲得心理上的滿足，同時使用催眠的我反而覺得自己並不孤單而感到安心，我們彼此的不愉快記憶因緣際會的整理為適切的記憶，換了一個存放處，因此原本的不愉快記憶才能就此消失。

其實，大腦有個機制是，當不愉快的記憶只要有人能理解，就能轉換到適切的記憶資料庫中。

如果我知道了有朋友跟我一樣曾有過相同的難受經驗，就能因為「原來這樣難受的經驗並不是只有我一個人有」而感到安心，然後我就能從不愉快的想法中解脫。

相反地，**如果你沒辦法跟任何人分享你的經驗，最終這個無法分享的不愉快經驗，就會無法獲得處理與轉換，於是，就會在日常生活中的某些時刻翻攪出來。**

未曾被整理的記憶會不斷跑出來大聲喊著：「快把我整理好，轉換到適切記憶中去！」而煩擾人。

而能幫上忙的就是催眠，催眠才能成為人翻轉的力量。

催眠的效果—5

9 成為無敵的「呆萌人」

盤據內心已久的傷痕就這樣被療癒了

記得我在美國讀心理學時，有位研究創傷的知名博士曾跟我說過：「**記憶會隨著時間而美化。**」

博士的祖父在第二大世界大戰時曾遭日本軍人俘虜，終戰後回到國內時，據說內心仍強烈憎恨日本人，而且會發出「可恨的日本兵」的怒吼。

然而，那樣的情緒卻會隨著時間流逝而改變。因為沒多久後，當祖父回想起被俘虜當時的經驗，卻滿懷感傷地說出：「日本軍人是我的同志。」這樣的話。

但是對我來說，對於某人的憎恨或是怨恨、失敗後的後悔等傷心事，無論時間過了多久，都很難忘記，光是想起就會想要從這個世界消失。所以無論如何，都難以接受「記憶會隨著時間而美化」的說法。

然而，在我學會以催眠療法進行同步呼吸後，就曾感覺到：「咦，內心曾經受傷的狀態可能發生了改變。」

跟以往很不同的是，我可以覺得自己「做得很好」。

並不是原諒了曾經對我做出很過分行為的對方，而是生命中第一次能這樣讚美自己：「我能夠跟那些人在一起真是了不起。」

沒錯，並不是美化了那些欺負我的人，而是美化了自己的記憶。再者，也不是覺得自己很厲害，而是實際感覺到：：「一直以來幫助我的潛意識很厲害。」

潛意識會為我們努力

無論我們做了什麼，潛意識都會讓我們以最適合當時情況的步調呼吸，讓我們順利排出體內的二氧化碳，再把氧氣吸入體內，潛意識就是這樣作用的。當然潛意識也讓我們的身體保持血液循環，即使做激烈的運動也能迅速應對。

某些時候，跟身體的自然作用一樣，那些我們自以為用盡全力去做的事，事實上也都有潛意識在守護著、幫助我們，陪著我們度過難關。

我第一次感受到潛意識的作用時，是我懷疑於「我的頭腦是否怪怪的」「催眠療法會讓我變笨蛋嗎」時。

原因在於，我從未相信過自己以外的力量。以前的我總是認為，凡事都要靠一己之力才能完成，從來不肯仰賴外力幫忙，因而對此有深切痛感。

那樣的我居然會認同「潛意識會幫助我」，真是非常奇妙。

但後來，我越來越知道理由何在。

當把催眠運用在他人身上，也會一同清理自己的不愉快記憶，隨著一次次實行，不愉快記憶的重擔也越來越輕盈。

在這個過程中，心裡的傷痕逐漸被療癒，可以感受到「潛意識真的會幫助我」的輕鬆感。

最後，總是會擔心未來的我，終於也成為了「反正潛意識總是會幫忙啦」的呆瓜狀態。

實際上，我逐漸無法想像以前凡事都要自己來的模樣，這樣美好的人生開展都要拜潛意識所賜。

後來我才知道，自己之所以深切相信「凡事都要自己來」是因為內心創傷所帶來的影響。

當潛意識為我療癒了內心創傷，我也把自己交付給潛意識後，原本內在那個「我來」「我來」的聲音就再也沒出現了。

如此一來，除了有潛意識的力量在運作中的我身邊的人們也都在跟我一樣帶著驚奇感逐漸展開人生。

相信「用催眠將自己交給潛意識就所向無敵」的呆瓜就在這裡。

第3章

用催眠引發突破性進展

1 用「同步呼吸」突破與對方的隔閡

與初次見面的對方一下子變得熟悉

「配合對方的呼吸，只要自己也跟著呼吸就好。」

「吐氣時身體稍微前傾，吸氣時再回到原來的位置，只要重複這些動作。」

記得我當初聽著「同步呼吸」的說明時，心裡暗暗疑惑著：「只要配合呼吸，對方就會進入催眠狀態嗎？」

但是老師曾說過，他只是用了同步呼吸就讓在電車上喧譁的醉漢停止吵鬧。

因此我期待著：「如果我運用到了極致，是不是就會很厲害了呢？」每天都勤奮地練習。

同一時間，當時我工作的診所院長邀請我說：「大嶋，要不要一起去有漂亮小姐的酒吧呢？」，我開心地說：「好！來去練習『同步呼吸』。」

進到酒吧裡，院長馬上就跟特定的某位女性進入了兩人世界，因此我開始關注起我身旁女性的呼吸，甚至不露痕跡地開始了以前傾姿勢、再回復原位的狀態開始搖晃身體。

然後，該名女性突然開始說起不開心的事，她邊說著：「我的寶貝狗三年前因病過世。」邊哭了起來。

這次，我並不是讓對方睡著。

當對方完全進入催眠狀態，意識上的抵抗也會消失。因此，她才會毫不保留地開始示弱哭泣。

正當我覺得「糟糕」，已經太遲了。一臉恐怖表情的院長突然對我發怒喊道：「大嶋，你可不能在這種地方練習催眠啊！」

由於我確實無法否認自己剛剛真的在練習，只好輕聲說句「抱歉」帶過。然而，我也在心中默默地讚嘆起：「同步呼吸真是厲害。」

這時我才發現，原來對方意識上的抗拒是能這麼容易就被削去的。

這下我非常清楚知道，為何催眠老師再三提醒我們絕對不能拿催眠來做壞事。因為我都知道，如果真要做惡，這個催眠真的能夠拿來做壞事啊。

試著對計程車司機做催眠

當我把這個同步呼吸技巧告訴工作場所的女同事後，她們都眼睛發亮地說：「聽起來真是有意思。」

我在想，她們是不是想要把這個技巧用在壞事情上？沒想到事後，她們都用在出乎我意料的地方。

例如，因為跟同事喝酒喝太晚，回家時已經沒了電車。搭計程車時，她們就會在後座開始與計程車司機同步呼吸——姿勢前傾、再回復原來的位置——就這樣持續地搖晃身體。

如此一來，在計程車開到家之後，計程車司機居然說：**「這次不收錢喔！」**地拒收計程車費。

當下我懷疑地說：「真的假的？」結果她們都說是真的。只不過，當我教導她們催眠技巧，都會再三交代：「請千萬不要拿去做壞事。」所以她們後來都有好好地給計程車費。

總之我要說的是，明明只是配合著計程車司機的呼吸，就能夠「建立起超級好的信賴關係」。

奇妙的「突破性進展」

一旦與人同步呼吸，就會感覺到「這個人原來是這麼辛苦地在過日子啊！」這種對方的辛苦感與不暢快感。

在同步呼吸時，與其聆聽對方的話語，不如以鏡像神經元來攫取對方的感覺更加重要。

再者，如果持續與對方同步呼吸，我們就會感覺到：「原來這就是對方無法對外言說的感覺呀！」並與對方同情共感，繼而逐漸削去不愉快感，與對方建立信賴關係。

如此一來，對方就會把我們當成能一起共患難、值得信賴的同伴，實在非常奇妙。

光只是使用同步呼吸，就會讓對方在不知不覺間深深信賴我們。而且因為潛意識的力量，我們之間還會發生不可思議的「突破性進展」。

曾經嘗試過同步呼吸的人告訴過我說：「原本在工作上老是看我不順眼的人，突然變得對我很友善，我現在不再覺得上班很痛苦了。」

我自己也是曾經歷過「突破性進展」的人。

我從小就是個不太信任別人的孩子，內心裡有個信念就是：「任何事我都得要靠自己的力量解決才行。」

即使到我開始學習催眠療法時，也還是不喜歡把事情交代給他人，事必躬親。也就是說，就算長大成人，我還是一點也沒有改變。

然而，當我學到同步呼吸後，不知何時起，我變得能夠信賴對方的潛意識，並能與人自然建立起信任關係，也很樂於與人們建立關係。

多虧了催眠，才讓我能夠在職場中變得更自在。

2 「『是的』套組」的催眠技巧

讓對方連續三次說出「是的」

我的催眠老師接著教我們的是「是的套組（Yes set）」。**所謂「是的套組」是，重複一些讓對方在心中能說出「是」的話語，是一種引導催眠對方的方法。**

「是的套組」的催眠是能在日常中試著使用的有趣技巧。比方說，在辦公室裡可以這樣使用。

跟同事一早打完招呼後，問對方說：「咦，你剪頭髮了？」這是第一次引導對方說出「是」。

然後，再追問：「設計師很會剪頭髮耶！」這是第二次引導對方說出「是」。

再接著說：「這個髮型很適合你耶！」這是第三次引導對方說出「是」。

就這樣，連續讓對方說出三次「是」，就是能減少對方「孤獨感發作」次數的催眠，所以對方也能覺得「跟這個人一起工作真是舒服！」

另外，下班回家跟另一半碰面時，先問：「今天工作也很忙吧？」得到第一次的「是」。接著再說：「你總是很認真地努力工作耶！」得到第二次「是」。

然後，再說：「你真是個很親切又認真的人啊！」得到第三次「是」。就這樣，我們對對方做了消除「孤獨感發作」的催眠。如此一來，另一半也會樂於一起做家事，還能接著產生很多開心的互動。

無論在怎麼樣的狀況下，無論是與誰對話，只是記得並試著做「是的套組」，那就是催眠了。

即使在學校，只要學生對老師做「是的套組」催眠，就可以讓「學習變有趣」。相對的，如果是由老師對學生做「是的套組」催眠，那麼學生的成績也會越來越好。

嚴格來說，「是的套組」催眠並不是洗腦，而是讓「孤獨感發作消失的催眠」。因為這會加深我們與對方間彼此的信任關係，雙方都能使用潛意識的力量，就能發揮我們內在原有的能力。

重複的順序是「看、聽、感覺」

在這個「是的套組」應用中，有一個技巧是透過「看、聽、感覺」讓對方重複「是的」。

以下將介紹我的經驗。

老師坐在面前對我說：「你現在能在眼前看見我的臉對吧？」我點頭稱「是」。

接著他對我說：「而且，你也聽見了在外頭馳騁而過的汽車聲音。」我聽到了「嗡」的引擎聲，於是輕輕點頭說「是」。

他又對我說：「同時，你的大腿處還能確認到折疊椅的觸感。」然後我就「精神恍惚」地進入了催眠狀態。

老師不斷說著話：「那樣做的話，你會感受到日光燈的光。」「在那裡，你也能確認到空調吹出的空氣聲音。」

當老師跟我說：「而且你的臉頰還會感受到從空調吹出的空氣流動感。」我要睜開眼睛時就變得非常困難。

老師使用著「看、聽、感覺」的順序，重複與我搭話，而對此，我在回答「是的」時，意識上的抵抗不斷減弱，變成了潛意識狀態，不知不覺間，我就失去了知覺（老師還使用了配合呼吸的方式，在我吐氣時與我說話）。

解除意識的「武裝」，前往催眠的入口

在利用「看、聽、感覺」這個「是的套組」進入催眠的方法中，也是有有祕密跟訣竅的。

在此，關鍵字依舊是潛意識。

其實，我們都在潛意識中做著這個「看、聽、感覺」。

專注精神看書時，若有人跟我們說：「我聽到窗戶外的雨聲了。」我們可能會回

說：「啊！是有聽到呢。但沒注意！」

這就是「在潛意識下聽著雨聲」。

若是像在看書那樣專注精神在「看」時，就會把「聽」交給潛意識而無法去注意到。此外，若是專注精神去「聽」時，像是「腳底很冷」這類的「感受性」感覺，也會交託給潛意識。

若是重複幾次這樣的「看、聽、感覺」是的套組，就會注意到潛意識經常是在運作中的，最終就會想把一切託付給「潛意識」的力量。那就會成催眠狀態的入口。

利用「看、聽、感覺」的「是的套組」消除意識上的抗拒以進入催眠狀態的另一個原因是，在平時生活中，幾乎不會說「是的」「是的」「是的」做出連續的肯定。

一般來說，我們經常都會思考著：「什麼是正確的？什麼是錯誤的？」

和人說話時也是，大抵上都會反駁對方：「不是那樣！」解釋地說著「可是」「因為」。

這是我們平常的意識狀態。意識會藉由說「不」，做出與他人的區別，演出自己是特別的角色。

而透過加上「看、聽、感覺」的「是的套組」，**連續在心中低喃著「是的」**，例如「的確有看到呢」「是這樣在聆聽的」「感覺到了那個」，**就不會有意識地認為自己與他人不同而必須成為某個特別的角色。**

如此主動去除掉特別的角色時，就會變成潛意識狀態，然後被誘使進入到深層的催眠狀態。

此外，若是重複「看、聽、感覺」，給予對方回饋，施加催眠的一方也會像「啊！我知道那個！」這樣，和對方有相同的感受而產生出一體感，除去對方意識上的抵抗，誘使對方前往潛意識的世界。

因為感受相同而有安心感，被催眠方就不會有意識上的抵抗，可以逐漸進入深層的潛意識狀態。

在日常生活中應用「看、聽、感覺」

「看、聽、感覺」這個技巧，也能應用在如下的情況中。

試著對總是渾渾噩噩一直在看電視的家人嘀咕：**「你現在能看到電視的畫面吧？」**（↓「看」）。

然後理所當然地說：**「而且你能聽見主持人的聲音吧？」**（↓「聽」），讓對方重複「是的」。

然後一旦你說：**「然後，你也能確實感受到座椅靠背的觸感呢。」**（↓感覺）對方就會覺得：「嗯？奇怪？」

「還有，你雖然在看著電視，卻也能感受到燈光的亮光。」（↓「看」）說完這句話之後，就再加上一句：「同時你也有聽到冰箱的聲音對吧？」

在你說了：「在做這種事的時候，你能用手指確認臉頰的觸感。」（↓感覺）之後對方就會站起身來關掉電視，然後說：「去睡吧。」

若是平常，就算提醒對方：「你不要一直看電視啦！」對方也會一邊說：「我知道啦！」一邊磨磨蹭蹭的繼續一直看著電視。

那個例子就是使用了「是的套組」後，便能形成「潛意識的選擇」，轉變成「過著早睡的健康生活吧！」這樣的意識。

3 用「客觀的資料」來讓潛意識成為一體

艾瑞克森博士所使用的「催眠腳本」是什麼？

「某位男性很想知道魔術師的魔術技巧，每天都在湖畔的小船碼頭等著魔術師……」

催眠的老師開始讀起這篇**「腳本（故事）」**。

結果就像在美國電視影集中「幼小的孩子拜託母親唸書給他聽後，馬上就睡著了」那樣的場景般，我在不知不覺中進入了如睡著般的催眠狀態。

每次重複這樣的體驗時，我都會想著，希望能早點像老師那樣寫出優美的劇本，但聽老師說，「那個**天才催眠療法家艾瑞克森博士也是重寫了劇本四十次以上**」後，我就在心中吐槽著：「我做不到這樣啊！」

所謂的催眠腳本，到底是什麼東西呢？

在做解釋之前，我想先說明「客觀資料」的作用。

在寫到艾瑞克森博士的書中，已經寫過：「博士在寫腳本前，會讓助手去患者家，調查患者家的顏色、形狀、樓梯的用色，以及地毯的種類等。」

大家立刻會覺得「嗯？」感到奇怪吧？

我一開始也是很遺憾地完全不知道那麼做有什麼意義，但某次我在大學時代的教室內，想起了某件事，才恍然大悟：「原來是這樣！」

「客觀性資料」的催眠力

我就讀大學的心理學教授，指著一尾被放入金魚缸中的金魚說：「用十張紙的分量，寫出這條金魚的客觀資料。」然後就離開了教室。

我持續觀察了四小時，好不容易才寫出了十張紙，內容有像是「嘴巴一張一合的，看起來很痛苦」「在狹窄的金魚缸中，運動量好像會不足」「只有一條，似乎很寂寞」等。

但是，在發回來的報告上，教授用潦草的字跡寫道：「關於金魚的心情只是來自你主觀的推測，不是客觀的資料。」結果我又重新再交了一次報告。

這次，我客觀書寫並提出了觀察的結果，像是「牠往上游，過了一會兒又往下……」「金魚往右轉，然後往左轉……」，但結果又是要再重新繳交一次。

我重整心情，再度觀察起金魚，這次**我陸續寫下了**「次數」「角度」等**「客觀的資料」**，像是「尾鰭往左、右三次，然後往左移動，頭部左傾四十五度，從身體開始傾斜，往左回轉，然後尾鰭再度往左、右擺，接著以左至右的順序，邊搖邊前進」「約上浮兩公分，經過二十秒後，往下潛約六公分，然後約往右轉六十度」等，**結果漸漸就覺得觀察很有趣。之後某個瞬間，我突然覺得：「啊！與金魚成為一體了！」**

那是完全沒有「寂寞」「悲傷」「痛苦」等類心情或情緒的「無」的世界，只有著「單純存在著」的喜悅。

我理解到「這就是客觀資料的效果！」非常感謝教會我這點的教授。當然，我第三次交上去的報告，最後是「合格」了。

打開催眠世界入口的鑰匙

我想起了學生時代這樣一堂課，查覺到艾瑞克森博士讓助手去調查病患家顏色、形狀、樓梯色彩等的原因。

客觀的資料是成為能打開「無」的世界、催眠世界入口的鑰匙。

在此，我想要試著澈底模仿「不去考慮對方的心情，只搜集客觀資料」這件事。

和寫那分心理學課程報告時一樣，**我蒐集了約五十個客觀資料後，驚訝地發現：**

「啊！若是配合著彼此的呼吸時，就能同樣感受到一體感！」

不僅如此，在催眠狀態下，還能很寫實地看到對方家中的模樣。

發生了本人完全沒提到的「水壺」突然就浮現在腦中的神奇事件。結果，就能像催眠老師那樣，「流暢書寫出」加入了水壺的腳本。

我雖然覺得水壺莫名的出現很不可思議，但將這故事說給對方聽時，對方說：「湧現出的爆炸性憤怒，不知不覺間停止了！」於是我在心中理解了：「是這樣啊！水壺是表示『憤怒瞬間的熱水器』啊！」

就像這樣，**蒐集客觀資料進入催眠狀態，在潛意識的世界感受到與對方融為一體後，做為對方潛意識所必須的「隱喻（暗喻＝不做出譬喻形式的比喻）」就會浮現出來**。只要使用這個隱喻，「就能簡單寫出能拯救對方的腳本！」

我很喜歡柯南道爾的「夏洛克福爾摩斯」系列，從孩童時代起就經常閱讀。我想起了福爾摩斯也像艾瑞克森博士一樣，會細緻觀察各種事，蒐集客觀資料，最終找出犯人。**「名偵探福爾摩斯使用了客觀的資料，啟動了潛意識的力量，一一解決了難解的事件」**。這麼一想，一切就變得有趣起來。

在更深入學習催眠中，我在不知不覺間也被客觀資料的力量所吸引了。

4 用「催眠腳本」，將潛意識的力量變無限大

「拒絕」會阻礙「變化」

接下來讓我們更詳細地來看一下此前介紹過好幾次的「腳本（故事）」。

話說回來，為什麼在催眠中腳本是有效的呢？

若用一句話來形容，那是因為：**「若想要用腳本以外的東西來改變對方，對方無論如何都會在意識上做出抗拒。」**

所謂「意識上的抗拒」，總之就像是「這是要說教嗎！」或是覺得「明明就不了

解我的心情，不要自以為是的隨便說！」

例如公司的上司在向下屬說明工作上的訣竅或技巧時，若是提出自己的經驗為例子來說，「是在炫耀啊！」或是「我做不到！」這種力量就會在下屬的內心活動。

又或者說，妻子提醒沒有確實做好垃圾分類的丈夫：「老公！不可燃垃圾跟資源回收的垃圾要分開放啦！」時，丈夫就會反駁：「這種事我知道啦！」但雖然丈夫這麼說了，卻還是不斷重複著相同的錯誤。

因為「這種事就算不說我也知道！」這種**「意識上的抗拒」的影響，就會不斷重複「我雖然知道，但做不到」，不斷來回兜圈子**。我自己完全就是這樣的。

我開始研究心理學後，接受了多方的教導，那時我雖很感動「喔！好棒！」「原來如此！」但因為「意識上的抗拒」的阻礙，什麼都沒學到，持續著自己內在一點都沒改變的狀態。

幫我消除這棘手「意識上的抗拒」的，就是催眠老師教我的腳本。

一開始，我想著：「奇怪？今天的故事是有什麼意義呢？」但之後就察覺到：「啊！我被催眠了！」

最後，因為腳本，我潛意識的力量就自己動了起來，此前我怎麼努力都無法改變的事情，漸漸地開始有了改變。

釋迦牟尼也是寫「催眠腳本」的達人

催眠腳本不必是很長的故事，視情況而定，只說一句話也可以。

在此我所想到的，是**佛教創始人佛陀（釋迦牟尼）**如下的故事。

有一位年輕母親名叫迦沙・喬達彌，她年幼的孩子因病過世了。喬達彌因而陷入了瘋狂的狀態，她抱著孩子的屍骸，四處拜訪人家，祈求著：「請給我能讓這孩子起死回生的藥！」

那種藥當然是沒有的，而此時，佛陀來了。

佛陀告訴她：**「請去找出一戶沒有死過兒子、女兒亦或任何一位親人的人家，從那戶人家中取一粒芥菜種子來。這麼一來，你的兒子就會復生。」**

喬達彌振奮起精神來去敲各家各戶的門求取芥菜種子，但沒有哪一家是此前都沒死過人的，每一家都眾口一致的告訴她：「比起活著的家人，死去的親人更多。」

她在不斷重複著這些事情時，時間來到了黃昏，喬達彌察覺到：「這是件多可怕的事啊。不是只有我一個人失去了所愛，死亡是不可避免的。」

那時候，喬達彌的哀傷消失了。之後，她就成了佛陀的弟子。

若是佛陀一開始就對喬達彌說教：「所有人都一定會死。」情況會變得如何呢？

或許，喬達彌在意識上的抗拒就會動了起來，認為：「你一點都不知道我的哀傷，別隨便說那些話！」會一直走去拜訪城鎮中的各家各戶。

在此，將「芥菜種子」這個隱喻當作催眠腳本用，讓該名女性去敲城鎮上各家各戶的門時，佛陀的催眠故事就完成了，女性意識上的抗拒被除去，潛意識開始啟動。

接著，喬達彌因為催眠腳本而能使用潛意識的力量，過著與此前不同的人生。

寫催眠腳本的訣竅

佛陀對失去孩子而狂亂的母親說：「去拿芥菜種子來吧！」艾瑞克森博士也用了類似的方法，對懷抱離婚問題的夫妻說：「去登山吧。」

「山」成了隱喻，登山期間，夫妻倆的故事成了神奇的腳本，讓兩人進入了催眠狀態，並且變得能使用潛意識的力量，改善了此前完全看不到解決線索的夫妻關係。

這麼一寫，會讓人覺得：「要寫作催眠腳本似乎很難。」但只要掌握住訣竅，所有人都能簡單做到。

例如，即便希望窩居在家的人「能外出走走！」而一直創作出故事說給他們聽，直到讓窩居在家的人能走出戶外，他們也只反而會接收到負面的暗示，加強在意識上的抗拒。

在此我們可以來看一個例子，以「貓」為隱喻，寫作一個「行蹤不明的貓」的催眠腳本。

不是與對方有直接關係的故事，或是為了對方而創作的故事，可以用「貓」或是像釋迦牟尼佛的「芥菜種子」，或是像艾瑞克森博士的「山」那樣，使用完全無關的隱喻來創作故事，這樣會比較有效。

至於寫作方法的訣竅，第一是收集三十個對方的客觀資料，然後將浮現在腦中的隱喻融入故事中。

浮現出的隱喻就是來自潛意識的禮物。那會成為解除對方有意識抗拒的鑰匙。

透過使用這個方法來創作故事，在催眠狀態下就能使用潛意識的力量，也能不斷提升自己的催眠實力。

用「是的套組」不斷寫出催眠腳本

寫腳本時也能應用「是的套組」。

例如像「男子正眺望著眼前廣闊的湖泊」這樣，加入「看」，然後又像「風吹來時，可以清楚聽見樹葉搖動的聲音」「而且臉頰也能感受到清爽的風吹過」這樣，以「聽」「感受」的順序展開。

使用這個順序來寫腳本時，**書寫者本人會進入「是的套組」催眠，不知不覺中會發現自己成了腳本中的主角**。

就這樣，催眠狀態逐漸變深沉，變成「可以寫出很多有趣故事！」的狀態。

變成自我催眠的狀態後，就能自由使用潛意識的力量，**自然又愉悅地寫出令人覺得開心的故事**。

同時，將這故事讀給人聽時，包含在這故事中的隱喻會對對方的潛意識起作用，對方就能在不知不覺中，往潛意識所期望的正確方向前進。

5 做催眠時的注意要點

催眠不是用來控制對方

以下的說明雖很像教科書，但把客戶當成催眠對象開始催眠療法時，必須告知對方：**「現在起將要對您使用催眠療法。」**並獲得對方「同意」後才能使用。

其實，從獲得這個「同意」起，催眠療法就開始了。

我之所以想使用催眠療法，是因為想著：「想幫助痛苦的人或有困擾的人，從那些痛苦與煩惱中獲得解脫。」換句話說，我心中有著「利用催眠來控制對方症狀」的想像。

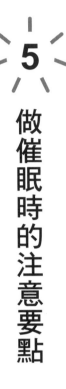

此前的我，如先前介紹過「寫關於金魚缸中的一隻金魚報告」時那樣，**不過擅自認定了來找我諮商的人是「好像很痛苦」「好像很孤獨」**。

那時候，只要收集了關於金魚的客觀資料，就會產生「和金魚融為一體」的感覺，可以感受到這隻金魚是生活在完全與「痛苦」「孤獨」「好可憐」等無緣的世界中。同時，我的心中也對金魚生出了「respect（尊重）」。

與此相同，我體驗了老師的催眠，**學習到了催眠不是用來控制人，而是用來接觸並「尊重」對方本質的**。

透過尊敬每個人的潛意識，潛意識的力量就會在那人心中起作用，那個人所渴望的事就會在不知不覺中夢想成真，這就是催眠。

使用催眠腳本時的注意事項

使用腳本時，不能像使用「配合呼吸」或「是的套組」那樣，自然地誘導對方。

要向對方提出：「從現在開始要進行催眠療法了。」好好說明「催眠的機制」後才開始朗讀腳本。

我的催眠老師曾在某個心理療法的學會上，不作任何開場白，突然就開始朗讀起催眠腳本，展現出「特殊技術」。在會場的人，幾乎都進入了催眠狀態，但大家都毫無自覺，只有印象是「突然聽到了無聊的事情，然後就睡著了」。

因此，若有了覺悟，覺得就算被對方用奇怪的眼光看待：「奇怪？這個人到底在開始做什麼？」也無所謂，或許也是可以「突然朗讀起劇本來」的。

話雖這麼說，**就我的體驗上來看，首先向對方說明催眠腳本，告訴對方是為了什麼才要朗讀後再開始，或許是最能看見成效的**。

以給對方與自己的腳本為前提

有一次，在與老師一起活動的期間，老師跟我說：「來吧，請催眠我。」我不由得張口結舌的說：「什麼？」

我瞬間滿心不安的想著：「要是無法催眠成功怎麼辦？」眼前，客戶一屁股坐在椅子上，宛如處在任人宰割的狀態下，老師這麼說了。我做好覺悟：「不可以浪費老師的時間。」在我告訴老師：「接下來我要對您使用催眠療法了。」的瞬間，此前的不安就消失了。

之所以不安的覺得「要是無法催眠成功怎麼辦？」是因為察覺到「自己想要控制對方」。

我絕對無法控制老師。不，我誰都控制不了。可是在催眠療法中，我從對方那裡了解到潛意識的力量，能「尊敬」對方。

此外，想著「要是無法催眠成功怎麼辦？」的自己，連「沒有尊重自己」這件事也察覺到了。

若無法尊重自己，就無法尊重對方。所以**之所以做出「要從現在開始對您進行催眠療法」的宣言，就是對自己潛意識的尊重。**

我發現到這些事後，聲音在不知不覺間就充滿了自信……，接下來，我的記憶就消失了。

我的潛意識「擅自」對老師進行了催眠。因此我對之後的事情，完全沒了記憶。

潛意識這個詞彙本身就具有催眠效果

在某場學會的基本方針演講上，老師說：**「潛意識這個詞本身就是一個隱喻，所以有催眠效果。」**

總之，單只是使用「潛意識」這個詞，就能讓對方進入催眠狀態。此外，「催眠」這個詞也有同樣的效果。

也就是說，實際上在使用催眠療法之前，雖會對對方使用潛意識、催眠等詞語來說明催眠療法，但**從那個說明階段開始，就已經開始催眠療法了**。

我在向客戶說明催眠療法時，會從「調整呼吸的頻率，或是幫助我們在運動時保持適當心跳數的，就是來自潛意識的力量」這點切入。

此外，我還會告訴對方：**「所謂的催眠療法，會使用平常就幫助我們的潛意識的力量，確定我們真正期望的方向，幫助我們往那個方向前進。」**

總之，所謂的「催眠」不是要擅自將深埋在對方心中的東西挖掘出來，或是控制對方的行動，而是使用「隨時會幫助我們，我們在內所擁有的潛意識力量」，是一種幫助我們獲得真正渴求事物的療法。

我在這麼說明時，就已經開始了催眠療法。

6 催眠的喚醒法與注意事項

喚醒被催眠者的三個句型

在催眠老師的講座上，全部的聽講生都有機會體驗到老師的催眠。

我一邊聽著老師誘導的腳本，一邊胡思亂想著：「要是無法催眠成功，讓老師丟臉了該怎麼辦？」但回過神來才發現，老師正說著：**「一！有清爽的空氣在大腦中流動著！」**在誘導著人們從催眠狀態中覺醒。

「二！身體漸漸變輕盈起來！」老師的聲音在腦中漸漸清晰地響了起來。

「三，大口深呼吸，頭腦清醒地張開眼睛！」只要聽到這句，大家就會覺得好像熟睡過後般，從中途開始就不記得老師說了些什麼。

我想著：「是因為工作太累覺得想睡就睡著了嗎？」完全搞不清楚自己到底是不

是真的進入了催眠。

不過我並沒有「為什麼睡過去了啊！」這樣的後悔，反而心情很暢快。

之後，我試著問了一位和我一起在老師催眠療法講座聽課的女性，她跟我說：「咦？老師說的話我全都記得唷！」結果我不安地想著：「也許我真的只是因為想睡而睡過去了！」

我平常都不會眺望星空什麼的，但那天回家時，莫名地卻想要確認「今天可以看見多少星星呢？」而眺望了夜空。

那時候，我腦中突然浮現出老師說過的一個腳本場面：「啊！曾在湖畔與某人眺望著星空啊！」

雖無法想起全部的事，卻覺得看著星空的感覺好令人懷念，不知不覺間，我的眼中就湧出了淚水。

因此，我知道了：「自己果然不是睡過去，而是進入了催眠狀態啊！」

從催眠中醒來後才是重頭戲

下一週，我和當時那位說著從頭到尾全都記得老師說過的話的女性碰面，我試著詢問她前次的催眠效果，結果她告訴我，在乍聽到「一！清爽的空氣在大腦中流動著！」這個喚醒我們的喊聲時，她就想著：「對我來說，催眠無效啊。」

像這樣連喚醒聲都清楚記得的人，有不少都會否定催眠狀態：「啊！自己沒進入催眠狀態，一直都是清醒著的。」

反過來說，若是像我這樣，連聽到喚醒的話語都記不太起來的人，則會覺得：「糟糕！睡著了！」這也是在否定陷入了催眠狀態。

這裡有個重點。

「催眠沒效」的感覺是顯意識上的，催眠的力量是在我們沒意識到的、水面下的潛意識在運作著。

透過說著：「一！清爽的空氣在大腦中流動著！」促使人從催眠中覺醒，被催眠者的意識與潛意識會分開，進入**「意識不去阻礙到潛意識」的狀態**。

「意識阻礙了潛意識」的情況，例如就像是鋼琴發布會時，一意識到「這部分該怎麼彈呢？」時，腦中就會一片空白，手指動彈不得一樣。

我想，大家應該都有過類似的經驗，愈是意識到，潛意識能做到的事就愈是會變得做不到，這類事所見多有。這就是「意識阻礙了潛意識」。

清醒過來後，在意識的水面下，會變成「意識不會阻礙潛意識的狀態」，潛意識能自由地到處活動，讓我們察覺到自己真正渴望的事物，自動引導我們朝向那個方向，此外也會準備好一切必要的東西。

因此，喚醒催眠的作業非常重要。

反而清醒後才是催眠效果正式上場的時候。

「一！清爽的空氣在大腦中流動著！」

「二！身體漸漸變輕盈起來！」

「三，大口深呼吸，大腦清醒地張開眼睛！」

讓潛意識踏進自由、充滿可能性的世界中去吧！

第 4 章

超簡單催眠「同步呼吸」的技巧

1 催眠正是在日常生活中才更有助益

在義大利餐廳發生的事

以前我曾經和職場上的男同事一起去義大利的餐廳。

我們一坐下來，店員就拿著菜單過來，他向我微笑點頭致意後，就開始向同事解說套餐組合。

我和同事都去過那家店兩次了，所以知道了「店員果然不記得同事啊」。

店員離開後，那位同事也覺得「奇怪」他打趣地說：「為什麼店員只跟我說明套餐呢？」

其實我之前和同事去那間店的時候，對店員使用了「同步呼吸」的催眠，與店員之間構築起了「信賴關係」。

因此，雖然我們只見過一次面，店員卻以對待常客的方式來對待我。

若在第一次去的店家使用「同步呼吸」，以後再度拜訪那間店時，就會變得愈來愈開心。

同步呼吸在日常中是可以使用在各種情況中的方便技巧，但在剛開始催眠的時候，會有點排斥地覺得：「一定要關注著對方的呼吸，有點麻煩啊。」

可是，在進行的過程中，我得知了能「偷懶」的方法。

如今，我不再須要一直配合對方的呼吸，**只要在與對方對上眼的瞬間同步呼吸，就能使用「催眠」了**。

訣竅在於，配合對方的「肩膀動作」

「什麼時候起可以使用這樣超簡單的同步呼吸法呢？」回過頭去看，我回想起了許多事。

總之最初的時候我認真且拚命地想：「一定要配合對方的呼吸。」要做到這點可一點都不輕鬆。

若是配合對方「吸氣、吐氣」的時機點來呼吸，對方與自己的肺活量本就不一樣，所以有時會痛苦的覺得「氧氣不足了」！

尤其是要配合正說著話的對方的呼吸時，更是非常辛苦。若是一直說話的人，就會覺得：「什麼時候才能吸氣啊！」處於缺氧狀態。

可是某次，我在缺氧狀態下呆望著對方時，察覺到：「對了，**或許不須要和對方『一同呼吸』……**」

從那之後，我就漸漸隨意起來，因為我知道了：「只要在對方呼吸時配合他『肩膀的動作』就好。」

此外，我也發現了：「放空的時候會比較容易看出對方肩膀的動作。」

重覆做著「放空，對方吐氣時，自己的肩膀往前；然後對方吸氣時，自己的肩膀就回到原位」。

這麼一來就會變成「對方確實進入了催眠狀態！」呼吸配合起來也會變輕鬆。

各位讀者請務必嘗試這個方法。

一旦知道「同步呼吸竟是這麼隨意又輕鬆！」就覺得一開始那麼認真做著同步呼吸這件事的自己真有點好笑。

同時還可以關注對方呼吸時肩膀動作的幅度，並仔細配合。

而且我還發現，這麼一來，不僅是對方，自己也會一下子就進入催眠狀態。

「或許也不用去模仿對方肩膀的動作！」

沒錯，就是這樣。

以「配合對方呼吸」的感覺，重覆將自己的肩膀隨意地「往前、回歸原位」，對方的呼吸自動地就會與我肩膀的動作一致，不知不覺間，雙方都進入了催眠狀態。

或許有人會覺得：「這樣不是我在配合對方的呼吸，而是我在誘導對方呼吸的節奏吧？」但若能精通這個方法，就能更「超隨意」地同步呼吸。

「單靠意識」進入到催眠狀態

簡單同步呼吸後我驚訝地發現：「若是以前，明明要解除對方的緊張進入催眠要很花時間，但現在卻完全不用花時間了！」

此外我也發現，愈是能簡單同步呼吸，就愈能輕鬆建構起與對方間的信賴關係，自己的催眠層級也能提升。

最終，**「單靠意識」同步呼吸，就能在當下打造出催眠狀態，或是引出對方的情緒或真心，或是引出潛藏在對方內裡的非凡力量，就能進展到更高階的催眠。**

要說起更不可思議的事就是，每次去剛才介紹過的義大利餐廳時，若感受到和那裡的店員呼吸一致，那間店後來的生意就會愈來愈興隆。

認真做著同步呼吸時，我有感受到「或許同步呼吸不是什麼了不起的催眠療法」，但愈是能「超簡單」做到，愈是會不斷增加感嘆「好厲害！」的次數。

「同步呼吸」是催眠的基本

同步呼吸是現代催眠基本的技巧。首先最好從同步呼吸開始進入，然後再挑戰「是的套組」或腳本的技巧。

同步呼吸進入潛意識狀態，與對方的大腦網絡相連後，對方的感覺就會確實傳達給我們，所以要做到「是的套組」就很容易。因為會很清楚要向對方說些什麼才會得到「是的」回答。

一邊配合著呼吸，一邊聽著對方說話，就能看見此前從未見過的對方家裡的具體模樣，之所以能這樣，就是因為和對方大腦的網絡相連結了。

像這樣重複進行是的套組所進入的催眠狀態會更加深層，對方的感覺也會愈漸清晰的傳達給我們，所以能寫出很有趣的腳本。

利用配合著呼吸的「是的套組」加深催眠狀態，同時加深與對方潛意識的連結，就能在不知不覺中完成「對對方來說最有效的腳本」。

2 用催眠緩解對方與自己的緊張

不論是正在說話的對象，還是沉默的對方，都一定會「吸氣」並「吐氣」。關注這部分並配合著對方的呼吸，將自己的肩膀前後活動時，就會有很神奇的體驗，像是「奇怪？不舒服的感覺消失了！」「好怪？對方睡著了！」這就是「同步呼吸」的技巧。

以下將介紹同步呼吸的各種應用案例。

案例一　無法忍受與「不喜歡的媽媽友」待在一起的時間

首先要介紹的是K小姐的案例，她有個「非常不喜歡的媽媽友」。

根據K小姐所說，那位媽媽友總是在炫耀自己或家人，再不就是說別人的壞話。

某次，K小姐說和媽媽友說起了孩子補習的話題時，對方問她：「我家孩子最近變得會自己用功了，妳家的怎樣？」

K小姐一回答：「我家的孩子都不會自己主動念書。」對方就擺出一臉獲勝的模樣，說著「一般都是這樣呢」，結束了對話。

（咦？沒有後續嗎？）K小姐驚訝地這麼想著。然後她的心情感到非常不愉快，回到家看到在玩電動的孩子時，不禁怒吼：「你寫完功課了嗎？老是在玩電動！」

她看著快哭出來的孩子，深陷不快的念頭中：**「都是因為受到那位媽媽友的影響，導致我都變得煩躁起來。」**

K小姐因為「真的不喜歡她」而不想與對方見面，但孩子們是讀同所學校，在去接孩子的等待時間中，一定會碰到面。那讓她心情沉重得不得了。

那時候，有朋友告訴她我的「同步呼吸」催眠法，她帶著「若是對那位討厭的媽媽友使用催眠，或許心情就會變輕鬆了」的想法，試著去做了。

那位媽媽友就像平常一樣，又開始說著炫耀的話以及說她人壞話時，K小姐就專注在「關注對方的呼吸」。

但是，開始想要配合對方肩膀的動作時卻進行得不順利，她聽不進那位媽媽友說的話。

就算自己不聽，對方仍一味喋喋不休。

K小姐於是冒出了另一個念頭：「我不理解沒聽清楚的話。」

之後，K小姐一邊想著「要更專心一點」「要配合著肩膀的動作好難喔」，一邊繼續配合著對方呼吸。

最後，在那一天的同步呼吸中，她只留下了「什麼事都沒發生」的印象。

回家後，她雖有點不安的想著：「真的有效嗎？還是我做的方式有錯？」但心情上卻覺得：「唉呀，算了。」然後就上床睡覺了。

當天，K小姐完全忘記了和那位討厭的媽媽友接觸時總是會感受到的那股不愉快感受。

之後再見到那位媽媽友，而且對方又開始說著學校老師的壞話時，K小姐再度試著關注她的呼吸並配合著肩膀的動作，結果K小姐就感覺到：「哎呀，或許我稍微掌握到訣竅了。」

結果此前一直說個沒完的媽媽友卻突然沉默下來，開始滑起了手機。

雖然K小姐有一瞬間想著：「我沒在聽她說話被發現了嗎？」害怕讓對方心情變糟，但對方卻沒有表現出不快的緊張感。

保持這樣下去，就能邊等著孩子放學，邊度過和平的時間。

若是此前，K小姐會因為對方表現出緊張感而覺得：「得要說些什麼才好。」而主動開始攀談，**但若是同步呼吸，對方的緊張感就會緩和下來，讓她覺得：「就算我不說話，或許也無所謂。」因而能平靜度過當下**。

而且下次與媽媽友見面時，若同樣配合對方呼吸，就會變得比前次更感受不到緊張感，最後，K小姐似乎變得能以平穩的心態與那位媽媽友處在同個空間了。

同時她也察覺到，眼前的人已經不再是那麼討厭了。

案例二　兒子討厭上課時被點名而不想去上學

S小姐的煩惱是小學三年級的兒子不想去上學。她擔心要是把這問題拖延著不解決，發展成拒絕上學該怎麼辦，因而來找我諮商。

孩子不想去學校的原因是「上課時非常緊張，害怕被老師點名」。

隔天，S小姐嘗試了我所指導的「同步呼吸」。

她一邊關注著一臉陰沉地從學校回來的兒子呼吸，一邊試著問他：「學校怎麼樣？」兒子的回答如往常一樣：「不怎麼樣。」

S小姐一邊看著兒子把書包丟到客廳的沙發上，然後在電視機前開始玩遊戲，一邊進行「同步呼吸」。

她心中一邊浮現出疑問：「做這件事真的能緩解孩子的緊張嗎？」**一邊配合著**

「吸氣」與「吐氣」，模仿孩子肩膀的動作。

在她持續進行這方法時，自己的呼吸變得痛苦了起來。**她想著：「是因為配合著孩子的呼吸，打亂自己呼吸步調才變痛苦的嗎？」並持續同步呼吸，然後瞬間，「呼」的一下，呼吸就變輕鬆了。**

結果，孩子突然就放下了遊戲的控制手把，回到了自己的房間。「平常他都會一直玩到吃飯前。」S小姐覺得很不可思議。

她一邊吃晚餐，一邊問兒子：「你剛才在房間做什麼？」結果得到了意料之外的答案：「寫功課跟預習明天的課業。」

兒子說：「我怕沒有先做好功課，被老師點名時就回答不出來。」

S小姐第一次看到孩子這樣，眼淚於是浮現眼眶。

她雖想否定：「才一次的催眠，不可能會有這樣理想的發展。」但她一想起剛才孩子的表情，就覺得那是真的有可能。

「配合呼吸時所感受到的窒息感，就是孩子的緊張感吧。」

「為了緩解自己的緊張感，孩子才去玩遊戲的。」

S小姐發現了這些事。

「催眠真有趣！」

S小姐很有野心地想著：「要更熟練催眠，想讓全家人都過得幸福！」

3 用催眠與對方建立信任關係

使用催眠療法，能提升與對方的信賴關係。

或許有人會想像：「是對對方施加『請相信我』的暗示嗎？」但不須要做這麼麻煩的事。

配合著呼吸，消除緊張感後，就會變成「無隔閡」狀態，彼此間自然會產生出信賴關係。

我們會將彼此的調性或心情完全相合一事稱做「氣味相投」，但若確實利用「同步呼吸」進入催眠狀態變得「氣味相投」，就能簡單打造出與對方的「好關係」。

案例三　想與輕視「女性」的下屬構築信賴關係

Y小姐是上班族，因之前工作表現受到認可而擔任要職，擁有幾名下屬。

一般來說，這應該是很令人高興的，但下屬們屢屢因為她是女性就擺出輕視的態度，讓Y小姐很生氣。

明明電話一直響著，卻沒有人去接。Y小姐只好無可奈何地接起。

之後她雖提醒下屬：「電話響了就要盡早接起，這是商場上的基本禮貌。要好好記住喔。」但不論她說幾次，下屬們「依舊無視」，讓電話一直響著不管，因而讓她很煩躁。

就算有顧客來到辦公室，明明應該有人注意到了，但靠近門邊的人，卻沒有一個人想要從電腦前站起來。最後是Y小姐站了起來去招待客戶說：「讓您久等了！請問有什麼須要幫忙的嗎？」

她雖然帶著笑，委婉地告訴大家：「如果有客人來，要立刻去接待對方，不要讓客人等，要問他們有什麼須要幫忙的喔。」但終究還是被無視了。

所有情況都像這樣，每天一「生氣！火大！」時就會覺得「不想和下屬說話！不想提醒他們！」結果下屬更加不完成工作，導致客訴增加，Y小姐被迫要去處理這些事而陷入惡性循環中。

她感到非常厭煩且不甘心：「若是男上司，下屬是否就會好好做事了呢？」

在那段期間，她接觸到我的催眠，並對**「利用催眠打造與對方的信賴關係」**很有興趣。

她半信半疑地想著：「能夠那麼簡單和一群輕視女性的人建立起信賴關係嗎？」然後試著把斜向她坐著的下屬當成進行「同步呼吸」的對象。

一開始，她生氣地想著：「為什麼我得要配合那傢伙的呼吸不可？」

即便如此，她仍帶著不開心去關注下屬的「吸氣」與「吐氣」，前後移動自己的身體，結果她發現，在「呼」的一聲後，她的肩膀放鬆了，自己心中也緩解了不愉快的緊張感。

隨著呼吸的次數增加，她自己也好像進入了催眠狀態，突然覺得「若不能好好任用那名下屬，將會是自己的損失」，變成了此前沒體驗過的奇妙心情。

最終，她變得能認為「似乎能好好任用那名下屬」，**自己心中對於下屬的批判心情也變淡薄了**。

結果那名下屬會拿著文件來接近Y小姐，並坦率地問她意見：「這名客戶有客訴，後續該怎麼追蹤處理呢？」

若是以往，她一定會皺眉詢問：「這次是又要怎麼瞧不起我了！」但這次她卻莫名催促下屬詳細說明起來。

她那麼做並聽聞經過後，滿心認為「很好」，所以覺得很神奇。

之後她自然而然說出能讓下屬感到安心的話：「我會負責處理這位客戶的，所以不用擔心唷。」

結果總是擺出一副彆扭態度的下屬竟有些含著眼淚的道歉：「一直以來都很感謝您的照顧，我總是給Y小姐您添麻煩，真的很對不起。」這使得Y小姐的心頭也不禁湧上了熱意。

於是，Y小姐也對其他下屬們使用了同步呼吸法，漸漸地就能與大家建立起信賴關係了。

而今，她已能認為：**「我們是完全意氣相投，值得驕傲的團隊！」**

案例四　想與商務對象融洽交談，獲取更大的成果

M先生認為：**「若是能與交易客戶的窗口更親切對話，業績就能提升。」**但他怎麼就是無法與對方融洽交談。

交易客戶的窗口有很多都很認真，彼此見過幾次面，但就是難以拉近距離，因為「只能完成既定工作」讓他倍感壓力。

M先生此前買了許多「說話術的書」及「說話技巧的書」來讀，但卻一無改變。

他一樣是一站在對方面前就腦筋一片空白，無法持續對話，讓氣氛變得很尷尬。

他在進行各種嘗試時，得知了我的「同步呼吸催眠」，想著「說不定能改變些什麼」，於是就把這方法試用在交易客戶的窗口身上。

當天，M先生在路上的電車中，試著把坐在對面的乘客當對象，「關注對方的呼吸，配合移動肩膀」，但他難以正確掌握住對方的呼吸，所以進行得不順利。他預感著，到要正式用上這方法時，應該也會失敗。

他在老客戶那裡展開了工作會議，雖然想盡快關注負責人的呼吸，**但卻抓不到要領，只能酌情地移動肩膀**。

結果，會議就像往常一樣淡然地結束了。

他頹喪地想著：「這才第一次，所以果然沒什麼效嗎？」但對方的負責人卻突然說：「對了，我拿到了些零食，你要不要來一點？」並給了他一盒巧克力。

此前，若是結束了工作上的事，他一定會立刻站起身，做出例行的問候，然後逃也似地離開公司，但今天卻不一樣了。

他一邊吃著零食，一邊想著：「這樣好嗎？」**帶著不安，持續進行同步呼吸，結果負責人竟然開始說起了平時都不會說的職場牢騷。**

氣氛突然變成此前未有過的融洽，開朗又祥和。

此後，他每次去那間公司開會時，都會重複配合負責人的呼吸，幾個月後，居然接到了此前沒有過的大筆訂單。

即便無法掌握住對方的呼吸節奏，覺得無法確實同步，對方仍進入了催眠狀態，M先生對此覺得很不可思議。而且他也沒有對對方施加暗示，卻能與對方融洽相處，這點也很令他感到意外。

M先生對催眠的印象因而大為改觀。

拜訪其他客戶時，M先生也同樣地關注對方的呼吸，「勉強」移動肩膀後，就感覺到氣氛和以前不一樣，變得融洽了。而他的工作業務量也漸漸變多了。

4 用催眠來得知對方的感情與真心

應該沒有人會說：「我和誰都會說真心話！」吧。若非頗為親近或能相信的對象，人是不會說出真心話的。

反過來說，**要引出對方的真實想法或真正的情感**，**「是非常困難的作業」**。

但若是進行催眠，就能簡單做到。

初次見面時大致上不會相處多長時間，但**透過催眠的力量，卻會覺得對方像是很久以前就認識的好友，對方也會對自己表現出這種氛圍的情感或言行舉止**。

案例五　希望心儀的男性轉向自己並問出他的真實想法

F小姐對在同一職場上的某位男性懷有好感，所以希望多少能拉近點距離。

男性對F小姐似乎也並非不好，但F小姐卻會因男性的一些態度而受傷，或是湧現出忌妒心，每次她都會很焦躁，結果就會反過來用冷淡的態度對待男性。

F小姐悶悶不樂地想著：「希望他只看著我！」累積了不少壓力。

那時候，她知道我的講座，並對**「用催眠能引出對方真實想法及情感」**的部分感興趣。

她不安地想著：「雖然非常想嘗試，但如果他對我沒興趣該怎麼辦？」

但她無論如何都想知道，因此她試著對那名男性使用了「同步呼吸的催眠」。

在空閒時間，她將背對著自己坐在前面座位上的男性當成目標，關注起他的呼吸，**她用「吸」然後「吐」這樣的感覺，讓自己肩膀的移動配合男性肩膀的移動。**

開始前，她心懷期待，興奮地想著：「男性會如自己所設想般被操縱。」但實際上做了之後卻發現：「這樣感覺好沒什麼。或許沒什麼效果。」熱情不斷下降。

可是F小姐重新想到：「沒有其他能做的事嗎？」然後持續與對方同步呼吸。

最初她覺得：「奇怪？現在是在吸氣？還是在吐氣？」因無法同步男性的呼吸而

感到僵硬，但漸漸地就能順暢配合了。

如此一來，就有了此前沒有的感覺——**「可以不用一一去顧慮男性的心情」**。

不知不覺中，不安漸漸消失，只剩下專心配合著呼吸的自己。

第一次時是帶著這種感受結束的，F小姐不確信催眠到底有沒有成功？又有什麼樣的效果？

隔天的午休時間，那名男性竟主動向F小姐搭話了。

而且他一臉正經的說：「自己從小與母親的關係就不好，所以面對女性時，會有嚴重的緊張感。」一開始說起了非常私人的話題，所以讓F小姐很困惑：「咦？突然就這樣跟我告白了嗎！」

F小姐告訴自己：「這就是利用催眠能引出對方的真實想法與情感啊。」

而且她一邊聽男性說話一邊進行同步呼吸時，男性甚至一直在探詢與F小姐交往的契機。

F小姐在心中吶喊著：「什麼？不會吧！」同時也感受到讓自己心情沉重的事物於瞬間消融，在不知不覺中，熱淚盈眶了起來。

案例六　想離婚，但想確認丈夫的想法

E小姐的煩惱是從事自營業的丈夫從去年起就「連吃飯時也在滑手機，都不太和家人說話」。一有訊息傳來，就是吃到一半，他也會立刻很認真地轉頭去打字。

她雖然拜託丈夫：「至少吃飯時關掉手機吧！」卻招來丈夫怒吼：「經營一間公司有很多雜事的。不要一一命令我！」

她開始懷疑丈夫是不是有外遇，或是「或許是因為對我沒興趣，才擺出那樣的態度吧？」只要一這麼想，自己就會感傷起來，想著：**「我再也無法和這個人在一起了！」所以E小姐開始考慮起離婚。**

找朋友商量時，大家都眾口一致的說：「就跟那種老公離婚啊！」可是，她的性格本來就很討厭麻煩，加上又考慮到孩子，沒辦法那麼簡單走到離婚那步。

若先生的心意很明確是「想分手」，就由自己來選擇道路。她想問出先生的真心話，所以試著對先生使用在我講座上學到的「同步呼吸的催眠」。

她一邊在廚房看著坐在客廳沙發上的先生，一邊試著配合他的呼吸。

先生今天也一直在看手機看得入迷，所以她覺得應該可以簡單配合他的呼吸，但單只是那樣看著丈夫的身影，就會逐漸湧出怒火、不開心。

她想著：「這樣不行，要更專心！」拚命地注視著先生的呼吸，配合著「吐氣」「吸氣」前後移動肩膀。

這麼做之後，她感覺到與丈夫在一起的緊張感，似乎朝向高遠的天空飛去，消失無蹤了。

她再繼續進行下去後，就湧現出「雖然先生是這樣的，但或許在一起也沒這麼糟？」這樣稍微能忍耐的想法，但她修正心情，想著：「不，若是這樣，就只是在重複同樣的情況罷了。」然後更專注於同步呼吸上。

她就像這樣，帶著迷惘，持續同步呼吸，結果先生突然就把手機放到桌上並站了起來跟E小姐說話：「我說啊——」

E小姐直白地表示驚訝：「這是從什麼時候以來先生主動跟我說話啊？」

E小姐一想到：「這是催眠奏效了？」就湧現出開心，想著：「太棒了！」

當時丈夫跟E小姐說的是公司的經營不甚順利，而此前這是他難以說出口的。因為有著「男人的尊嚴」，無論如何就是想著要守護著家人，不讓生活品質低落，但怎樣都不順利，所以現在想和妳商量——這是先生第一次敞開心房與她說話。

E小姐一邊聽著先生的話，一邊持續配合著他的呼吸。先生在社群軟體上拓展人脈，匯集支持者，想讓公司的經營重新站起來，但這樣做卻似乎帶給家人誤解，他向

E小姐道歉並哭了起來。

E小姐也不禁熱淚盈眶，但仍拚命忍住，持續配合先生的呼吸。先生說：「要是早點跟妳商量就好了，真希望妳能幫助我。」E小姐的眼淚終於潰堤。她抱緊了丈夫，兩人持續哭了一陣。我聽到這件事時，不禁也湧出了眼淚。

5 用催眠引出對方的潛力

嘗試了催眠老師教我的「用同步呼吸進行催眠」後，就算不用多說什麼，就能自動引出對方的潛在能力。

此外，我在使用催眠讓對方進入催眠狀態的同時，也引出了此前沒察覺到的自身可能性，變得能發揮出「驚人的力量」。

案例七　想讓女兒成為社團活動中的正式選手

J小姐的女兒進入了高中的排球社，但不論怎麼努力都無法成為正式選手，所以想著希望能多少出上點力。她自己沒有打排球的經驗，煩惱著什麼都不能為女兒做。

她想幫忙引出女兒隱藏的才能，因而一心學習我的催眠療法。她滿心想著：「應該沒有母親像我一樣是為了孩子的社團活動而學習催眠的吧？」

J小姐第一次挑戰催眠時，她的女兒剛帶著一身的疲憊從社團活動回來，她一邊聽著吃飯的女兒訴苦，一邊開始進行「同步呼吸」。

她配合著女兒的呼吸，移動自己的肩膀，然後**不知不覺間，女兒停下了吃飯，開始點頭打盹了起來**。

她驚訝道：「不會吧！催眠成功了！」但卻又否定著：「不，她只是社團活動累了才睡著了。」然後她注視著趴在餐桌上睡著的女兒的呼吸，默默地繼續同步呼吸。

最終，進行催眠的她自己也進入了催眠狀態，腦海中浮現出女兒在社團活動中打排球的身影。

她用心眼看到了女兒的模樣後，注意到女兒認為：**「若自己成為了正式選手就會奪走其他人的位置，因此才刻意不去成為正式選手的啊。」**

同時，她也浮現出「妳此前也一直都很體貼我們家人，總是壓抑自己的心情，支持著我們」這樣的想法，這想法一冒出來，突然就讓她淚流不止了。

J小姐一邊感受著流淌在臉頰上的淚水，一邊在心中跟女兒說：「妳可以只為妳自己而活就好！」

她實際感受到：**「為了朋友可以犧牲自己的這分體貼，正是女兒所擁有的『驚人力量』啊」**。

在那個時機點，女兒突然揉揉眼睛醒過來，J小姐為了不讓女兒看到她的眼淚，就邊轉身向後邊說：「妳真是個很棒的女孩呢！」

女兒不明所以，只覺得一頭霧水。

從那之後過了一段時間，女兒才一回家就開心地向她報告：**「媽媽！我終於成為正式選手了！」**

社團活動的教練關注了女兒，發現她總是會考慮到其他成員來打球，所以給了她很適合她的位置——自由球員。女兒也幹勁十足的說：「我獲得了僅次於隊長的了不起任務了！」

這完全就是女兒在排球場上發揮了J小姐在催眠時所感受到她**「體貼的驚人力量」**，而這個力量也受到了教練的認可。

J小姐再次對此前女兒以「體貼」一直支持著自己與家人們感到感謝，同時也為催眠的力量所感動。

案例八　完全不擅長背誦，無法跟上學校的課程

U小姐的女兒是高中生，她並不討厭學習，但**因不擅於背誦，所以記不住日本史中困難的名字以及物理公式**。

前不久，她的考試結果很淒慘，所以就向母親表明了苦惱：「我完全記不住課本的內容，跟不上學校的課程進度。」

U小姐很想要鼓勵女兒，所以建議她：「媽媽當學生的時候，為了背誦科目可是吃了不少苦頭呢。即便如此，我還是很努力，反覆閱讀課本好多次，也抄寫過好幾次才記住的喔。」

但是女兒卻哭著說：**「我不論讀過幾次、抄寫過幾次，都還是記不住，所以才煩惱的！媽媽妳根本完全不懂！」**

女兒一直無法停下哭泣，這使得U小姐也不禁情緒化起來，想都沒想的就脫口而出過分的話語：「妳就是努力還不夠啦！所以做什麼才都不行！」

U小姐驚覺：「糟糕了！」而女兒則是留下：「媽媽最討厭了！」這句話，就跑回了自己的房間。

U小姐則更是追擊著女兒的背影說：「受不了！隨便妳想怎樣！」

自那之後，女兒也不再和她說話了。

U小姐和丈夫商量後，被丈夫說了過分的話：「她學習不好，不是跟妳很像嗎？」讓U小姐獨自沮喪煩惱著到底該如何是好。

這時候，U小姐看到了我的書，對催眠感到有興趣，於是參加了我的講座。**當初雖然是說「利用催眠療法引出驚人力量」，但她似乎也想著：「我家女兒有那種『驚人的力量』嗎？」**

可是因為「無論如何就是想改變女兒的學校生活」這個一念之想，她還是試著練習了「同步呼吸的催眠」。

她會在與朋友喝茶時練習，或是試著用在電車的乘客身上，最後終於對在家用餐的女兒試著進行挑戰。

母女倆的冷戰狀態持續中，女兒只是無言地動著筷子。

U小姐**一邊放空注目女兒的肩膀，一邊試著配合女兒的呼吸移動自己的肩膀**。

U小姐在進行催眠的時候，她的腦中浮現出了懷疑的念頭：「做這種事有什麼意義嗎？」

露骨的想法從腦中浮現：「就只是她努力不夠而已，話說回來，她內在會不會沒有『驚人的力量』？」而且無法消去。

U小姐一直都抱持著這樣的感覺，而女兒則不知何時吃完了飯，她依舊無言地將餐具拿到廚房的流理台，然後在客廳看起電視來。

女兒背對自己坐著看電視，此時，她的呼吸比吃飯時更容易觀察，所以U小姐就持續配合著女兒的呼吸。

U小姐持續湧現出新的疑問：「在女兒背朝我的狀態下做催眠，會有效嗎？」突然，她的胸口一陣痛苦，之後又豁然想起了女兒的特徵：**「她曾是個知道各種事物『構造』的孩子呢。」**

例如在幼稚園的時候，和女兒一起在路上散步時，她睜著圓滾滾的大眼睛，一一問道：「車子為什麼會動呢？」「車子為什麼會停呢？」U小姐一邊想著：「問個不停真麻煩啊。」一邊隨便向她說明。

結果，母親的說明被指出了有矛盾之處，讓她煩躁且升起怒氣的說：「好好的看著前面走路！」

她後悔的念頭一一湧現：「那個時候真應該好好向女兒說明，說自己不知道，而非扔下她不管。」

她一邊想著：**「施加催眠後，是不是施加方會覺得後悔、痛苦呢？」**一邊滿懷著「我做了對這孩子很不好的事」這樣的罪惡感。

她不斷想起不好的回憶，並促使自己反省，同時心情上也不想再繼續進行同步呼吸了，但她仍想著：「不能和此前一樣就這樣中途扔下女兒不管。我沒有其他選項了。」持續關注女兒的呼吸。

結果，她想到了：**「女兒有著會自己調查東西構造的理解力。」**

若能將她「為什麼？」「怎麼會？」的強烈好奇心應用在各種科目上，她相信

「女兒一定會變得很厲害」。

那時候，她打心底尊敬起女兒來，此前的擔心，都如煙般消散了。

從那之後，她有好幾次在吃飯中或女兒看著電視時配合女兒呼吸進行催眠，結果，她尊敬女兒的心情愈發強烈，就像是與之相呼應般，女兒在自己房間念書的時間也變長了。

然後在幾個月的三方面談時，班導師開心地報告說：「您女兒的成績不斷在進步！」她不禁脫口而出：「咦？真的嗎？」並感到開心不已。

班導師說：「若有哪個科目不懂，她會很積極地去找該科的老師，一直問到自己懂為止。這麼一來，**您女兒的成績在所有科目上都明顯的提升了，受此影響，班上全體的成績也都提升了。**」

U小姐看向坐在旁邊的女兒，就見女兒「嘿嘿嘿！」地展露出笑顏，並對U小姐做了一個小小的勝利手勢。

U小姐雖然說著：「在老師面前別這樣！」但她心裡卻驚訝地想著：「這孩子果然很厲害！」

「那個同步呼吸的催眠真的有效！」

U小姐也在心中對女兒微笑並送出勝利的手勢。

6 利用催眠擺脫「孤獨地獄」

我是那種就算是和大家一起熱鬧吃著飯，也會東想西想揣測個不停的類型，像是：「有沒有人沒參與對話？」或是「會不會因為太吵鬧而給其他客人造成困擾？」因此無法與大家融為一體，享受當下。我雖會演出「好高興！」但卻從未真實感受過。

然而，誠如前面所寫到的，我和催眠的老師一起去到奈良的佛寺，兩個人只是放空地坐著時，我打心底頭一次感受到「和某人在一起好快樂」。

在催眠的潛意識中，感覺就像是把一切都交給了潛意識，和週遭的人一起度過美好的時間。

我第一次體會到現今、在這裡，自己是活著的喜悅，而不是為了誰而活。

案例九　明明為了家事與工作努力，家人卻不感謝自己

W小姐是有國小生與國中生兩個孩子的職業婦女。

她每天都為了工作與家事拚命努力著，但不論是丈夫還是孩子都沒對她說過一句感謝或慰勞的話。

「在這個廣大的世界中，沒有一個人能打從心底理解、貼近我。」

W小姐覺得自己似乎一輩子都無法從像現在這樣的「孤獨地獄」中獲得解脫，所以暗自感到絕望。

這時候，W小姐如抓住救命稻草般，遇見了我的催眠療法。

「真的能靠催眠療法獲得解脫嗎？」她帶著半分疑惑半分期待的心情，總之就先嘗試看看了。

首先，她試著將通勤電車上的乘客當成練習對象。

她注視著坐在對面座位上的中年女性，配合著移動肩膀，結果對方就開始打起了瞌睡，這讓她突然興奮起來：「這結果就跟我聽說到的一樣！」

單只是注視著對方的呼吸，然後配合「呼氣與吐氣」移動自己的肩膀，只要專注心力在這兩件事上就好。

結果她雖然還是會和平常一樣不禁想像、緊張著對方不知道在想什麼，但只要關注對方的呼吸，不知從什麼時候起，她發現自己變得什麼都不想，處於放空狀態了。

在不知不覺中，就抵達了最近的車站。

W小姐於是又試著將職場同事當成催眠呼吸配合的對象。**她和在通勤電車上時一樣，變得「放空」，不知不覺中就到了工作的下班時間。**

她第一次體驗到不用去多方探詢同事或上司的心情，而是「專注在工作上」。

在回家的電車上，她就算想要想起「奇怪？我今天做了什麼工作？」也想不起來，所以有些震驚。

此前，她會對當天的工作處置有各種後悔，會一個人開反省會或批判自我，但那天這些全都沒浮現在她腦海中。

回到家後，她仍舊是放空的。兩個孩子都來問她：「還好嗎？」若是平時，都是W小姐在做飯，但那天他們都會來幫忙準備。

「啊！好輕鬆！」W小姐這麼發現到後，就去洗澡準備睡覺了。

W小姐坐在浴缸中時，很不可思議地，眼淚竟奪眶而出。

「此前的自己因為努力過頭了，才會那麼孤獨啊。」

「雖然想著只要努力獲得眾人的認可就能消除孤獨，但像這樣放空做回真正的自己才是被愛的啊。」

一旦腦中浮現出此前想都沒想過的奇妙話語，眼淚就掉得更兇了。

她在心中問著：「被誰愛著？」結果「潛意識」就回答了W小姐：「是我在愛著

妳喔！」

W小姐再度浮現出眼淚，感覺到自己從多年的「孤獨詛咒」中獲得了解脫。

之後她雖也不安地想著：「自己會不會又回到原本的孤獨中去呢？」但她也能相信著：「即便如此，只要再度進行配合呼吸的催眠，就能再回到現在的狀態了。」

那一天，她睡得很安穩，心情平靜地從睡夢中醒來，並且能「一邊放空」，一邊和家人度過愉快的早晨。

案例十　我不願意打開心扉，人際關係總是不順

H小姐和同住的母親關係糟到了極點。

母親總是因為失誤而斥責H小姐，說些多餘的話。

H小姐每天都和這樣的母親意見相左，不停爭吵，不知從何時起就想著：「就算跟她說了我的想法，她也不會聽。」**放棄告訴母親自己的感受了**。

接著，H小姐變得「無法相信任何人」，對所有人都關上了心門，**隨著年齡的增長，人際關係的麻煩更是頻繁發生**。

例如和對方的關係加深後，對方一點的言行舉止都會牽動她而產生爭執。

對方雖解釋說：「那是誤會啊！」她還是會生氣地斬斷了關係。這類事情不斷重複著。

她自己也知道，因為這些事而無法與任何人交好，所以孤獨得難以忍受，直到某次，她察覺到：「**是與母親間的關係帶來了不好的影響。**」

「因為母親是那樣的，所以自己是否就要像這樣持續為人際關係所苦呢？」

這麼一想，**她就更加湧現出對母親的怒氣，而這又為她不相信人這件事火上加油，更加因人際關係而引發不愉快的事件，形成了惡性循環**。

H小姐在書店中找到了我的書，對書中所寫的催眠很感興趣，想實際來試試看催眠療法的效果，於是某天，就來參加了我的講座。

而隔天，H小姐就在醫院的等待室中試著去做了催眠的同步呼吸。

她配合著坐在斜對面等待的人的呼吸後，那個人就迷迷糊糊地睡了起來。

她以為是自己想多了，於是在漫長的等待時間中，也對其他人進行同步呼吸，結果對方果然也開始迷糊地打起了瞌睡。

H小姐實際感受到：「**催眠真的有效呢。**」

因此H小姐決定：「要對讓自己遭遇這些事的母親施行催眠。」

某天，母親在看電視時，她從後面配合母親的呼吸，並前後移動自己的肩膀。

最終，她才想著和母親的呼吸合拍了時，突然就像開關開啟時「啪」的一響，腦中一一浮現過去不愉快的事。

她一邊感受著憤怒：「果然和母親在一起心情就會變不好！」一邊進行同步呼吸，結果她發現：「**啊！這分不開心原來是母親心上的創傷傳給了我！**」

然後，她的腦中浮現出因父親對家庭不關心而感到寂寞的母親，以及即便照顧著惡婆婆卻也不抱怨一句、仍舊努力去做的母親模樣，她想著：「母親也是不被愛的呢。」突然眼淚就止不住地往下掉。

繼續同步呼吸後，自己也處在放空的催眠狀態中，她發現：「**我接受了母親『不被任何人所愛的心理創傷』而活到現在。**」

「可是，或許我已經放下了母親心理的創傷。」

她在心中放下了至今為止自己總是圍著母親打轉的念頭。

同時，她的心瞬間輕鬆起來，回過神來才發現，母親不知何時已在電視機前香甜地睡著了。

H小姐在心中擁抱了母親，並小聲呢喃著：「媽媽，謝謝妳。」

隔天早上，一位很長時間沒聯絡的高中時代朋友傳了LINE給她。

單只是這樣，她就打心底強烈湧現出：「我不是孤身一人的！」這種想法。不知不覺中，她在潛意識中感受到神奇的一體感，而且這分感覺還不斷擴大開來。

「此後將會遇見什麼樣的人？有什麼令人興奮的事情在等著我呢！」

H小姐對此非常期待。

結語

在我孩提時代，美國電影《小子難纏》（*The Karate Kid*）很流行。這個故事的主角是一位軟弱的男孩，他一邊向日本大叔學習空手道，一邊在肉體上與精神上都成長茁壯起來。

男孩一心想著「要變強」而去找日本大叔，但大叔卻只讓他幫車打蠟。「把車身上蠟，另一隻手拿著抹布擦掉蠟。」大叔用獨特的英語發音，重複說著這件事。

主角滿口牢騷：「一直做著這些無聊的事，根本無法變強！」當時，我心中對主角吐嘈著：「大叔一定是在教他很厲害的事。只要乖乖去做不就好了嗎！」

這樣的我長大成人，並隨著催眠的老師學習了催眠療法，但這次卻是自己在心中抱怨著：「一直重複這樣不起眼的練習，要是能有用就好了！」我擅自想像著，催眠療法該是更氣派又帥氣的才是。

我只是不斷重複被老師要求「吸氣，然後吐氣」地進行「同步呼吸」。讓對方說出「是」的樸實技巧。然後對「寫作腳本（故事）」感到無聊得想睡。

我深陷不滿中時，腦中突然想到了《小子難纏》的主角。

「啊！自己和那個電影裡的小男孩是一樣的！」

從那時候起，我的行動就改變了。

在電車中，我把坐在對面的乘客當成練習對象，對他們進行著「吸氣、吐氣」以及「同步呼吸」。工作時，我也連著三次進行「是的套組」練習。不擅長的腳本寫作也「淡然地」反覆練習，學習著主角日復一日重複塗上車蠟又擦去的行為。

在這期間，我想著：「奇怪？我是能這麼努力的人嗎？」此前，自己做事都是三分鐘熱度就結束了。

我之前不論是在學校還是工作上，完全都做不到練習還是預習・複習，但我卻驚訝地發現自己的改變：「奇怪？只有這個催眠療法，讓我第一次能練習並事先預習・複習了？」

可是在察覺到自己的變化時，我也不甘地想著：「啊！被催眠老師催眠了！」我不僅會想著：「明明之前都沒這麼認真練習過的！」老師唸給我聽的腳本也會突然浮現在我腦海中。雖然我記不清了，但仍模模糊糊地能想起，老師用溫柔的語調說著在早晨太陽升起的風景中，有少年在創作故事的事。

就像這樣，我想著：「像這樣不起眼的催眠療法，根本一點用都沒有嘛！」然後在老師的催眠腳本中，在自己都沒察覺到的情況下，從懶惰的大叔，變成了積極練習的年輕人。

而這個「積極練習的年輕人」，就是自己從孩提時代起就追求的模樣。我雖曾放棄地認為「絕不可能做到」，但聽了老師那無聊的腳本後，潛意識動了起來，在不知不覺中，就成了那樣的自己。

老師催眠腳本的恐怖之處在於，隨著時間的經過才會感到「奇怪？」而非之後馬上就能感受到變化。

我從國中起就有著「想寫書」的夢想。催眠的老師聽了我的願望後，為我唸了腳本。可是我卻想著：「我並沒有變得能順暢寫作啊！」

實際上，並不可能從隔天起就變得能流暢地書寫文章。可是十年後，在知道我再也無法與老師直接說話時，我才體會到老師腳本的效果。

現在，我除了會想著：「曾想過要和老師一起寫書的。」同時也每天都持續在寫文章。

這次，趁著寫本書「結語」，我再次試著重讀了已經寫完的本文。結果我感到很不可思議：「奇怪？我是這麼認真寫作文章的人嗎？」好像和自己此前所寫成的文章感覺不一樣，簡直就像是在閱讀老師的文章般。

是因為這本書以老師所教的催眠為主題嗎？在寫作過程中，我感覺是「老師和我一起實現了夢想」，而且也發現：「啊！我不是一個人在寫的！」

曾憤慨激昂想著：「這種不起眼的催眠療法一點用都沒有！」的愚蠢年輕人，因老師而成長，並與心中的老師一同寫作了這本書。或許看起來會覺得是不起眼的催眠療法，但我相信，和老師一起書寫的腳本，終有一天會讓閱讀的各位實現心願。

就像現在寫下這些的我一樣。

大嶋信賴

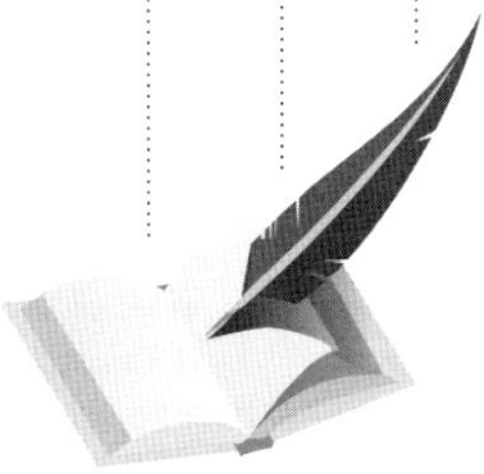

Note

Note

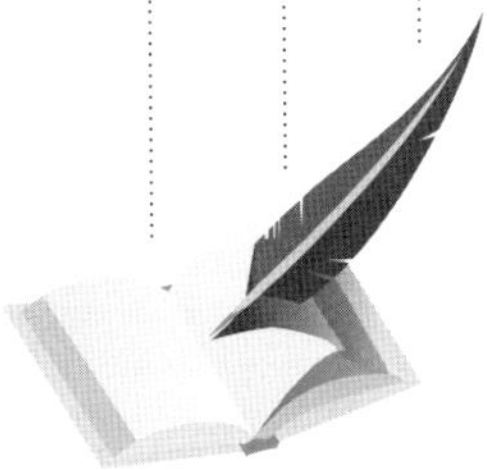

Note

國家圖書館出版品預行編目資料

催眠療癒：啟動潛意識力量，擺脫負面暗示，讓你夢想成真／大嶋信賴作；簡毓棻，楊鈺儀譯. -- 初版. -- 新北市：世茂出版有限公司, 2022.07
面； 公分 (新時代；A27)

ISBN 978-986-5408-94-7(平裝)

1.CST: 催眠療法 2.CST: 催眠術 3.CST: 潛意識

175.8 111006669

新時代A27

催眠療癒：啟動潛意識力量，擺脫負面暗示，讓你夢想成真

作　　者／大嶋信賴
譯　　者／簡毓棻、楊鈺儀
總　　編／簡玉芬
責任編輯／陳怡君
封面設計／林芷伊
出 版 者／世茂出版有限公司
地　　址／(231)新北市新店區民生路19號5樓
電　　話／(02)2218-3277
傳　　真／(02)2218-3239（訂書專線）
劃撥帳號／19911841
戶　　名／世茂出版有限公司
單次郵購總金額未滿500元（含），請加80元掛號費
世茂網站／www.coolbooks.com.tw
排版製版／辰皓國際出版製作有限公司
印　　刷／傳興彩色印刷有限公司
初版一刷／2022年7月
二刷／2024年1月

ISBN／978-986-5408-94-7
定　　價／330元